JN025284

お役立ちアドレス一覧

切り取ってご活用ください。

発達障がい・不調

発達障害ナビポータル
▸ https://hattatsu.go.jp/

発達障害の子どもや家族に向けて、教育、医療・保健、福祉を横断的に整理している、発達障害に特化したポータルサイトです。

国立障害者リハビリテーションセンター 発達障害情報・支援センター
▸ http://www.rehab.go.jp/ddis/

全国の発達障害者支援センターが掲載されており、相談先を探す時に使えます。多言語に対応した外国人保護者向けパンフレットもあります。

DO-IT Japan
▸ https://doit-japan.org/

障害や病気のある若者の中から未来のリーダーを育成するプロジェクトです。参加者に対して様々な機会を提供するプログラムを実施しています。

『子ども情報ステーション』by ぷるすあるは
▸ https://kidsinfost.net/

看護師・医師らが関わる、精神障がいやこころの不調、発達凸凹［デコボコ］などを抱えた親と子どもを応援するサイトです。

インターネット依存・ゲーム障害治療施設リスト（久里浜医療センター）
▸ https://kurihama.hosp.go.jp/hospital/net_list.html

インターネット依存・ゲーム障害に取り組む全国の医療機関のリスト。PC、スマホ使用ルール作りのポイントも掲載されています。

子どもの居場所

NPO法人フリースクール全国ネットワーク
▸ https://freeschoolnetwork.jp/

子どもたちの新しい学びの可能性や教育選択の多様化を進める事業をしているNPO。フリースクールに関する情報がまとめられています。

通信制高校があるじゃん！
▸ https://www.stepup-school.net/

通信制高校専門の出版社が運営するサイトです。通信制高校・サポート校・高等専修学校の検索や資料請求などができる通信制高校のデータバンクです。

街のとまり木
▸ https://tomarigi.online

平日昼間の子どもの居場所や相談先「とまり木」として、フリースクール、親の会、カフェ、プレーパークなど様々な場所が探せます。

こども食堂ネットワーク
▸ http://kodomoshokudou-network.com/index.html

全国の子ども食堂がマップから探せます。外出やコミュニケーションの練習として、子ども食堂に参加するケースもあります。

▸▸▸ 裏面に続く

ロートこどもみらい財団
▸ https://future-for-children.rohto.co.jp/
8歳〜18歳の子どもが自分らしさを探究し、それを磨く機会をサポート。個別相談、子ども同士の交流やプログラム・助成金等の提供の機会も。

LGBTQ支援団体リスト
（NPO法人虹色ダイバーシティ）
▸ https://nijiirodiversity.jp/649/
LGBTQに関する全国の支援団体のまとめ。LGBTQ起因で不登校になる子どもたちにとっての居場所が見つかるかもしれません。

オンラインの学び方

STEAMライブラリー
▸ https://www.steam-library.go.jp/
経済産業省「未来の教室」プロジェクトが開発した、小中高における探求型学習で活用可能なSTEAM教材をまとめたデジタルライブラリー。

「Make」O'Reilly Japan, Inc.
▸ https://makezine.jp/
2005年に創刊したアメリカ発のテクノロジー系DIY工作専門雑誌「Make」を発端とするメディア。ものづくりやSTEAMに関心のある子におすすめ。

子ども向けの相談窓口

チャイルドライン
▸ https://childline.or.jp/index.html
18歳までの子ども専用の相談先（電話・チャット）です。相談者の思いを大切にしながら、どんなことも一緒に考えます。通話料無料。

24時間子供SOSダイヤル
▸ https://www.mext.go.jp/a_menu/shotou/seitoshidou/06112210.htm
文科省が設置する、24時間かけられる電話相談（混んでいる場合もあります）。子どもが相談できる全国の相談窓口もサイトで紹介されています。

10代のための相談窓口まとめサイト
「Mex（ミークス）」
▸ https://me-x.jp/
心身の不調や、いじめ、先生との関係、家族関係など、様々な困りごとに対して、適切な相談先を探すことができます。

あなたのいばしょ
▸ https://talkme.jp/
これまでに42万件以上の相談を受けている（2022年8月末時点）、24時間365日、年齢や性別を問わず、無料・匿名で利用できるチャット相談。

ユキサキチャット
▸ https://www.dreampossibility.com/yukisakichat/
10代のための進路・就職相談。15歳から25歳までは事情により、食べ物やお金を届けてくれる場合も。最新の支援内容はHPを。

#いのちSOS
▸ https://www.lifelink.or.jp/inochisos
「死にたい」「消えたい」「生きることに疲れた」あなたのそんな気持ちを、専門の相談員が受け止めます。NPO法人ライフリンク運営。

生きづらびっと
▸ https://yorisoi-chat.jp
SNSで相談可能。専門家や全国の拠点と連携し、必要があれば実務的な支援へとつなぎます。NPO法人ライフリンク運営。

「子どもの人権110番」法務省
▸ https://www.moj.go.jp/JINKEN/jinken112.html
学校でのいじめや人権に関する問題に、法務局職員などが電話で相談にのってくれます。被害内容により、捜査や救済措置を行うこともあります。

保護者向けの情報サイト・相談窓口

都道府県・指定都市社会福祉協議会のホームページ(リンク集)

▸ https://www.shakyo.or.jp/network/kenshakyo/index.html

全国の社会福祉協議会の所在地・電話番号リスト。生活費や学費の負担など、経済的に困窮した時には、近くの社会福祉協議会へ行ってみましょう。

ギフテッド応援隊

▸ https://www.gifted-ouentai.com/

ギフテッド/2Eの子どもを育てる保護者が集い、相互の交流や勉強会・情報発信等を行っています(2022年9月現在、会員約550名)。

NPO法人 しんぐるまざあず・ふぉーらむ

▸ https://www.single-mama.com/

ひとり親のキャリア支援や、入学費用が準備できない家庭への入学お祝い金事業、食料支援など、ひとり親と子どもを応援するNPOです。

子どもの将来相談窓口「結」(NPO法人育て上げネット)

▸ https://yui.sodateage.net/

子どものひきこもりや不登校、中退などに悩むご家族が個別に相談可能。ご家庭の事情に合わせ、無償で利用できます。

臨床心理士に出会うには

▸ http://www.jsccp.jp/near/

一般社団法人日本臨床心理士会が運営する臨床心理士検索サイト。地域や、解決したい課題、年齢などの条件で、臨床心理士のいる相談機関を探せる。

※情報は2022年11月現在のものにもとづいております。

不登校に悩む親子のための

不登校に悩む親子が情報収集をする時に役立つサイトなどを一覧にしました。

NPOカタリバのサイト

カタリバ相談チャット
▸ https://soudan.katariba.online/
保護者向けの相談窓口です。社会福祉士や心理士等の専門職とも連携しながら、悩みの解決をお手伝いします。LINEで相談できます。

カタリバオンライン不登校支援プログラム
▸ https://futoko.katariba.online/
不登校の子ども向けのオンラインサポートルームや、保護者向けのグループおしゃべり会、オンライン個別相談などを開催しています。

カタリバ公式サイト
▸ https://www.katariba.or.jp/
不登校支援以外にも、どんな環境に生まれ育った10代も意欲と創造性を育める社会を目指して、様々な活動を展開しています。

国のサイト

こころもメンテしよう（厚生労働省）
▸ https://www.mhlw.go.jp/kokoro/youth/
「困ったときの相談先」に、地域の保健所や保健センター、精神保健福祉センターなど、公的な相談先が多数紹介されています。

ひきこもりVOICE STATION（厚生労働省）
▸ https://hikikomori-voice-station.mhlw.go.jp/
ひきこもり当事者や家族、支援者の声をシェアし、互いに学びあうコミュニティサイト。地域ごとに相談窓口を探すこともできます。

全国児童相談所一覧（厚生労働省）
▸ https://www.mhlw.go.jp/stf/seisakunitsuite/bunya/kodomo/kodomo_kosodate/zisouichiran.html
児童相談所にも、不登校の相談を行うことができます。相談先の選択肢のひとつとして、知っておいてもらえると嬉しいです。

NPO等の不登校サイト

先輩ママたちが運営する不登校の道案内サイト「未来地図」
▸ https://miraitizu.com/
不登校の子どもを育てた経験のある先輩ママたちがつくっているサイト。全国の親の会やフリースクールも紹介されています。

特定非営利活動法人 登校拒否・不登校を考える全国ネットワーク
▸ https://futoko-net.org/
1990年に始まり、当事者に学ぶをモットーに交流、調査、研修会など行っている親や市民のネットワークです。

特定非営利活動法人 21世紀教育研究所
▸ https://edu21c.net/
通信制高校・サポート校合同進学相談会の開催や「自分に合った学校選び」などの冊子を無料配布し、生徒の進路選びをサポートするNPOです。

ホームスクール＆ホームエデュケーション総合情報サイト
▸ https://peraichi.com/landing_pages/view/hshe/
ホームスクールを実践する当事者が集まり、「家庭を拠点とした教育・学び」を実践中／実践したい家族に向けた情報をまとめています。

NPOカタリバがみんなと作った

不登校

親子のための
教科書

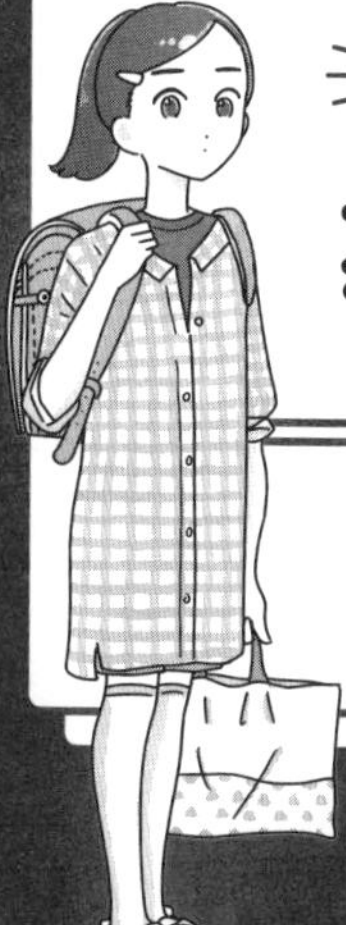

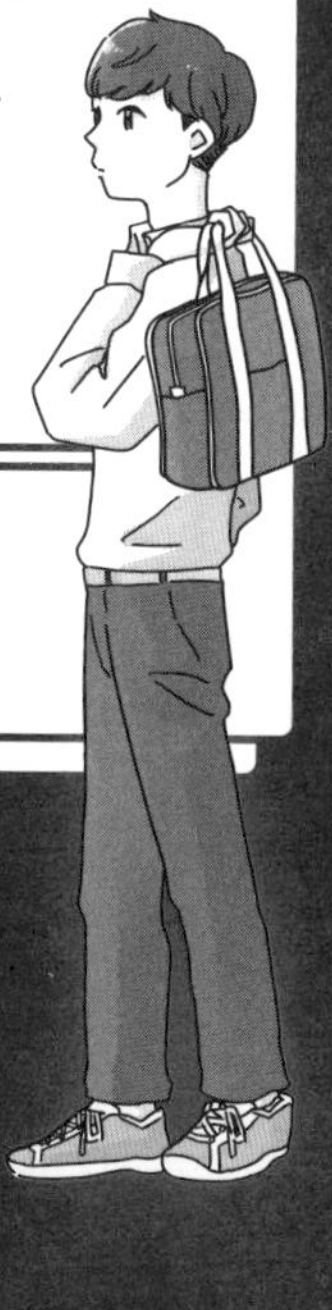

NPOカタリバ代表理事
今村久美

ダイヤモンド社

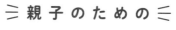

連休明け
ガラッ
鈴木はじめ（小4）
おはよー！
朝ごはんパンでいい？
……
どうしたの？
母・りさ子（派遣社員）
……
なんか…おなか痛い

え…
えっ急に言われてき
学校に行けないくらい痛い?
コク…
…分かった。今日はお休みしよっか
パパは休めないし、職場に連絡しなきゃ…
3日後
いってきまーす
いってらっしゃい!
ホッ…
よかった、今日は登校してくれた…!
次の日
お母さん
おれ、学校行きたくない

……え
ポロッ
え!?
どうしたらいいの!?
仕事は!?

職員室
ええ…、
そうですね
特に学校で変わった様子は
見られませんね
はい…
そう…
ですか
異常はないですね
…そう、ですか…

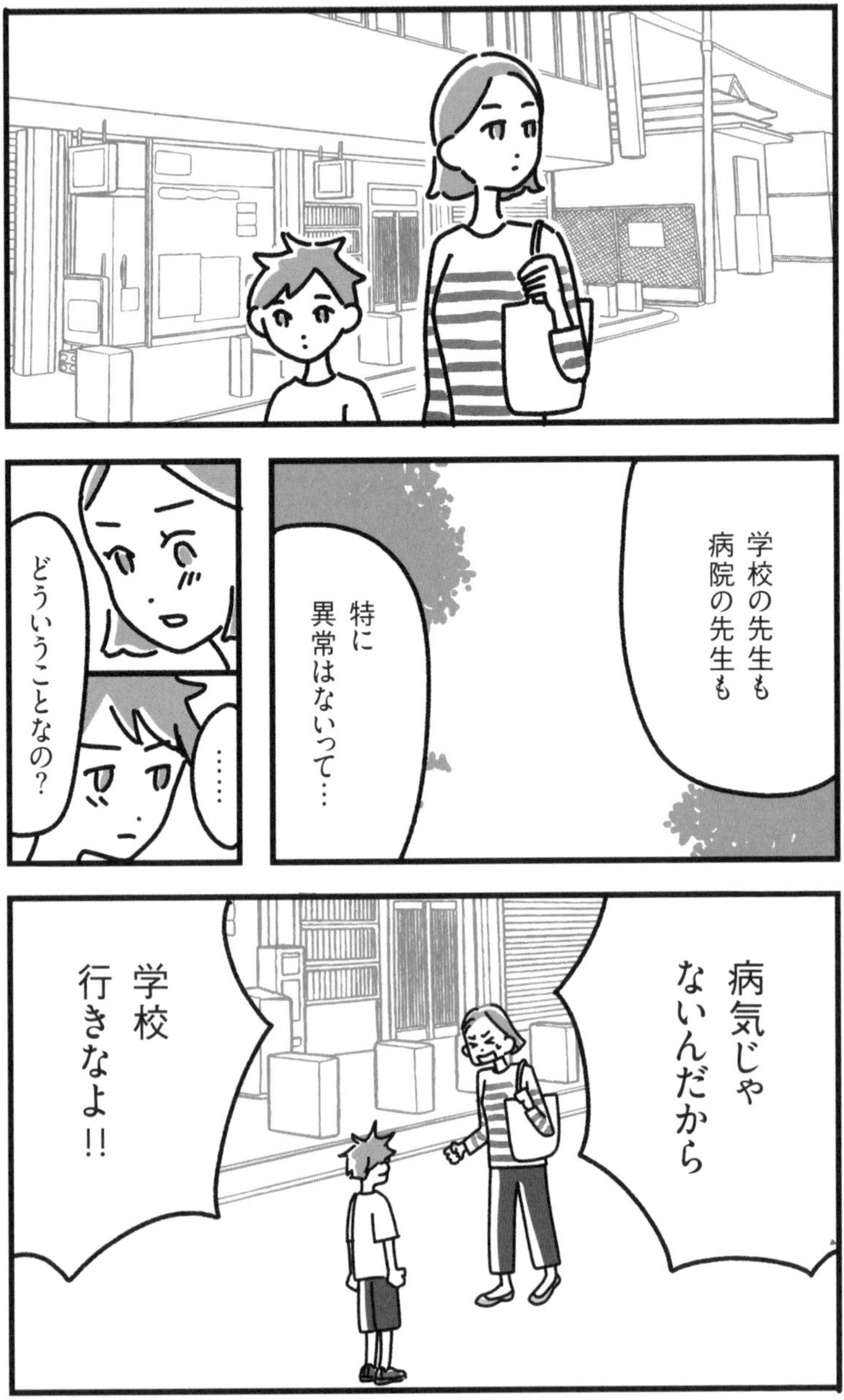
学校の先生も
病院の先生も
特に異常はないって…
どういうことなの？
……
病気じゃないんだから
学校行きなよ!!

ある日――
今日は…
行ってみる…!!
やっぱり
行かない
ふーーー
突然
言われても
今日は絶対
仕事休めないんだけど!!
なんだ
なんだ
そんな…!!
イラッ

みんなは
行ってるのに…
なんで
いつまでも学校に
行けないの⁉
はっ
しまった‼
はじめっ…
私ったら…
なんて…

こんな言い方するつもりじゃなかったのに…！
……はぁ…
パパ
そんな時期もあるんじゃない？
どうするかはママに任せるよ
祖父母
甘やかさないほうがいい！
怠けグセがつくと将来、働けない!!
みんな勝手なことばかり…！
休みがちになってからもうすぐ2カ月…
ぐるぐる

これって不登校⁉
ドキドキ
どうしよう…⁉
ドキ
ぐるぐる
「義務教育」だから学校に行くのは義務？だよね…。いったいどうやったら行ってくれるの…？
このままずっとひきこもったらどうしよう…。私の育て方が悪かったのかな…。誰に相談すればいいの？
モヤモヤッ
大丈夫ですよ‼

一緒に
考えていきましょう!!
NPOカタリバ・アドバイザー
臨床心理士・公認心理師
成田慶一
NPOカタリバ
代表理事
今村久美
NPOカタリバ
不登校支援専門スタッフ
池田隆史

はじめに

「学校に行きたくない……」。
ある朝、お子さんが、そうつぶやいたら、
あなたは、まず第一声、なんと声をかけますか。

時間に余裕がある時なら「どうした？　何かあった？」と、ていねいに向き合えるかもしれません。
でもたとえば、大急ぎで出勤しなきゃお客さんに迷惑かけちゃう……！　そんなタイミングだったとしたら……？

今、「学校に行かない子どもたち」が、とても増えています。

◎「不登校」の割合は親世代の5倍以上

政府は、年間30日以上学校を欠席する子どもを「長期欠席者」として分類していますが、その数は約41万人に上り、その中でも長期休養などの特定の理由のない、いわゆる「不登校」の子どもたちは約24万5000人（令和3年度）に達しました。前年度から約25％という過去最大の増加率で、人数も過去最多となっています。

これは割合にして、**今の親世代（40代）が10代だった1991年の5倍以上**にもなっています。

この数字からは、不登校が特別な事情を抱えた特別な子どもたちだけの問題ではないことが伝わってくると思います。

不登校や長期欠席者が増えている原因については、家庭の養育力低下だという説もあれば、学校の指導力低下だ、いじめが陰湿化しているからだ……などなど、様々に言われています。また、今の学校とは違うスタイルの教育を受けたいと不登校を選び、オルタナティブなフリースクールに通うなどの「積極的不登校」も増えています。

不登校が増えている原因はきっとひとつではありませんが、**確かなことは、学校に行きたいのに行けない子どもたちが頼れる無償の選択肢や公的支援は足りておらず、その対応はほぼ家庭や学校の努力と工夫に丸投げされている**ということです。

でも「丸投げ」されても、自分の子どもが不登校になるなんて、想像もしていなかった人がほとんどですよね。

「まず誰に相談したらいいの？」「学校になんていえばいいの？」「親の仕事はどうすれば？」「これからこの子はどうなるの？」……など、親御さんやまわりの方たちは、分からないことだらけで、不安でいっぱいなのではないでしょうか。

本書は、そんな親御さんや教育現場の方たちの助けになればと、不登校支援を続けてきた**NPOカタリバが、現場スタッフや教育や心の専門家、そして不登校を乗り越えた親子たちの知恵と経験を結集してつくった本**です。

◎「ナナメの関係」が子どもたちを救う

自己紹介が遅れました。

私は、「認定NPO法人カタリバ」の代表理事の今村久美と申します。

NPOカタリバは今から約20年前、私がまだ大学生だった2001年に、学校の外から教育支援をしたいと思って立ち上げた団体です。

その頃の私は、18歳まで過ごした岐阜県の地元での生活と、関東の大学生活の中で感じた様々な希望や葛藤の中で、社会の大きな分断を感じていました。

当時は、ITバブル全盛期。

世界とつながり、未来をつくり出すのは自分たちだとばかりに野望に溢れた学生がいる一方で、「やりたいことが分からない」と言いながら、未来への一歩さえ踏み出すことができない学生もたくさんいました。

そして私も、後者の側でした。

世界中を見渡しても、衣食住に困らず、満たされているはずの日本の10代や20代の多くが、なぜ、自己肯定感を持てず、やりたいことも分からずにいるのだろう。

やや哲学的なこの問いを自問自答しながら、カタリバという団体を立ち上げ、走り出してしまったというのが、スタート時の状況でした。

当時の私が考えていたことは、子どもの教育を学校と家庭だけに丸投げする世の中を変えたいということ。

そして、思春期の世代には、タテの関係（親や教師）でもヨコの関係（友達）でもない、ナナメの関係（利害関係のない年上の他人）の人との対話的なつながりが必要なのではないかということ。

親にも友達にも話せないことでも、ナナメの関係の人たちには話せることもあります。自分の少し先にある知らない世界を教えてくれることもあるでしょう。

地域社会の崩壊とともに失われつつあったそんな「ナナメの人間関係」を、いろんな人を巻き込んで思春期世代に届けられる仕掛けを作りたいと思っていたのです。

初期の頃には「学校に社会を運ぶ」と銘打ち、10代の子どもたちと、ナナメの関係にある大学生や社会人との対話を軸にしたキャリア学習「出張授業カタリ場」を始めました（詳しくは　英治出版刊『「カタリバ」という授業』をご覧ください）。

その後も、東日本大震災での社会の分断をきっかけに困窮世帯の子どもたちを支援したり、高校生世代の学びを暗記から探究的なものに変えていく「全国高校生マイプロジェクト」、学校の校則を対話的にアップデートする「みんなのルールメイキングプロジェクト」など、様々な取り組みを立ち上げて20年が経ちました。

◎ 不登校支援を続ける中で見つけたヒント

私たちが**「不登校」の問題と出会ったのは、2015年**です。

島根県雲南市の当時の教育長だった土江博昭先生から「〝ナナメの関係〟の考え方で、この地域の不登校支援に取り組んでくれないか」と、お声がけをいただいたことがきっかけでした。

その後、雲南の地域の方々に様々なことを教えていただきながらチームをつくり、**不登校の子どもたちにナナメの関係で伴走する「雲南市教育支援センター おんせんキャンパス」を立ち上げ、運営を続けてきました。**

現地の不登校支援スタッフたちは、たとえ子どもと会えなくても何度も家庭訪問し、家族との協力関係もつくりながら、ゆっくりと確実に子どもたちと信頼関係を築いていきました。

自分の部屋に鍵をかけたまま出てこなかった子どもが、だんだん、「おんせんキャンパス」に顔を出すようになり、自主的に勉強を始めるようになったり……。**多くの子どもたちの変化を目にしてきました。**

また、子どもの不登校に悩み、誰にも相談できずに苦しんでいた親御さんたちに伴走し、保護者同士が交流できる場を設けたりすることで、ご家族のケアにも力を入れています。

そして、お子さんの不登校と向き合い、苦しい時期を乗り越えてきた親御さんたちは、今度は支援者として、今悩みの渦中にいらっしゃる方々にご自身の体験談をお話ししてくださっています。

中には「不登校は親子にとって必要だった」と、不登校体験をポジティブにとらえてお話しくださる方もいらっしゃり、その変化には目を見張るものがあります。

さらに2018年からは東京都足立区にある「アダチベース」でも不登校支援を始めました。当時、不登校の子の受け皿があまりなかった同区からの相談を受けて始めたもので、「学習意欲があまり高くなく、集団行動も苦手だけれど、外出はできる」という子どもたちが対象です。

いろいろな背景を持つ多様な子どもたちがいますが、これまでアダチベースに通った子どもたちは全員、それぞれの目指す高校へ進学していきました。

◎「オンライン」なら全国どこからでもつながれる

新型コロナウイルスの蔓延が始まり一斉休校も始まった頃から、全国各地の親御さんから不登校に関する悲鳴のような相談が増えてきました。

しかし、私の実力不足もあり、これ以上、地域に根ざした支援拠点を全国に直営でていねいにつくることは、人材を集める難しさから限界があるとも感じ始めていました。

そこで、**全国どこからでもつながれる支援の形を模索し、新たに立ち上げたのが、メタバース（仮想空間）上の教育支援センター「room-K」**です（詳しくはP172で紹介しています）。

これによって、不登校に悩んでいらっしゃる全国のご家庭とつながれる環境ができました。近くに不登校の支援施設がなく孤立している親子でも、オンラインで私たちのスタッフとつながり、相談することもできます。

また、自分の興味のある学びがその地域ではできないとか、まわりに話が合う友達がいないというような子でも、オンラインのプログラムに参加したり、興味のある課外活動を立ち上げたりすることもできるようになりました。

不登校支援に「オンライン」という仕組みを取り入れることで、可能性は大きく広がったように感じています。現在、埼玉県戸田市や、広島県など、「room-K」を取り入れた自治体との連携も始まりました。

◎ 子どもが生き生きと学びを楽しめるように

この国では、憲法でも法律でもすべての子どもには学習権があり、義務教育は無償で受けられると明記されていますが、〝学校に行けない子どもたち〟の学習権は、まだ、全く保障されていない状況です。

以前、国会議員の先生方との勉強会で、「オンラインの仕組みなども取り入れ、不登校の公的支援を強化すべき」と提言したところ、口々に言われたのは、「そんなことをしたら、さらに学校に行かない子どもが増えてしまうのではないか」という言葉でした。

コロナ禍によって学校に行かせない判断をする親が増え、中には受験勉強を優先して学校をサボっている子もいると認識されている先生方もいらっしゃいました。

ただ、私は願いたいのです。

学校が、すべての子にとって「行かなければいけない場所」ではなくて、「行きたい場所」になれないものかと。

本来は親も先生も、子どもたちが笑顔で、生き生きと学びを楽しむことを願っているはずです。

でも、学校にいることが苦しくて、学びがつまらないとしか思えず、やりたくないタスクを背負って大事な時間をただ消化しているだけの子がいるとしたら……。

たとえ、今の我慢が、将来幸せになるために必要な努力だと言われても、苦しい思いで毎日を過ごしている子が少なからずいるという事実を考えるだけで、悲しい気持ちになります。

冒頭にも書いたように、不登校は、特定の学校で起きていることではありません。

今、全国でこれまで1年間に約2万人ずつ、そして直近では1年間に4.9万人も増えている、ひとつの「社会現象」でもあります。不登校の子が増えているということを、私はどうしても「子どもがサボっている」からだとは思えないのです。

◎ 不登校の子は、大切なことに気づかせてくれる

不登校の問題をどうとらえるかは、日本の未来を決める分岐点だとすら思います。不登校の子どもたちは、「標準」とされるものに抵抗なく合わせられる人たちが、見落としてきた大切なことに気づかせてくれる存在なのではないでしょうか。

多様な個性を持ち、認知の特性も様々に違う人たちが、それぞれの在り方を認め合いながら、どうこの社会をともに生きていけばいいのか。

学校が、そんなことを体感的に学びあえる場所になったら、この社会から孤独な人がもっと減るのではないかと思います。一人ひとりが、先天的&後天的に有した能力をそれぞれの在り方で発揮して活躍する社会は、多様性と新しい経済を生み出す活力にもなるのではないでしょうか。

本書は、今、お子さんの不登校に悩まれている親御さんや先生たちのために、私た

ちNPOカタリバが支援してきた事例から、様々なお悩み解決のためのヒントをまとめたものです。

ただ、**本来、不登校は当事者だけの問題ではなく、社会問題**です。そういう意味で、本書が、不登校問題に関心を持ってくださる多くの方の手に届くことを願っています。

今村久美

CONTENTS

第3章 不登校の子によりそう時の7つの心得

第4章 学校や先生との関わり方

第5章 大丈夫！ 相談機関や支援施設はこんなにある！

第6章 「オンライン」という新しい解決法

第7章 こんな時、どうする？ 先輩親子からのヒント

第8章 不登校の子の進路選択

＊本書の情報は、2022年11月現在のものにもとづいております。なお、文中に出てくるエピソードは、個人を特定されないように、イニシャルやプロフィールの一部を変更しております。

第1章

不登校は、誰がなってもおかしくない

子どもが「学校に行きたくない」と言い出したら……。
理由もなく、突然、休み始めてしまったら……。
子どもが小・中学生ならもちろん、高校生であっても、
親御さんは不安になり、パニックになってしまうかもしれません。
どう対応したらいいのか。
誰に相談すればいいのか。
原因は何なのか……。
でも、今や「不登校」は決して珍しいことではありません。
まずは不登校の現状や基本的な知識を知り、
不登校が特別な事情を抱えた子の特別な話ではなく、
誰もがなりうることだと理解しましょう。

「不登校」「長期欠席者」は親世代の頃と比べて激増している

「不登校」の話題を、最近よく、耳にしませんか？

また、わが子が不登校だという皆さんも、「実はうちだけではなく、クラスに何人も……」という状況ではないでしょうか。

私たち親世代が小・中学生だった頃、学校に行っていない子は学年に1人いるかどうかだったような記憶があります。

しかし、「はじめに」でも書いた通り、今、**不登校の子どもたちの割合は、40代の人が小・中学生だった1991年に比べて、5倍以上にまで膨れあがっています。**

文部科学省（文科省）は、年間30日以上欠席している子どもたちを「長期欠席者」としてカウントしています。

ここに該当する子どもたちは、今、過去最多の約41万人。

そのうち、病気や経済的な事情ではなく、「不登校」を原因に学校を休んでいる子どもたちが約24万5000人と、圧倒的多数を占めています（P37図表1）。

また、不登校の子は小1から中3まで、学年が上がるほど、増えていきます（P37図表2）。そして、90日以上の欠席者が、不登校の子どもの半数以上を占めています。

◎どこからどこまでが「不登校」？

この数字を見るだけでも、不登校が激増していることはお分かりいただけると思いますが、ただ、何をもって「不登校」とするのかは、状況によっても、校長判断によっても異なります。

たとえば、欠席日数は多いものの「年間29日」だったという子、学校には来るけれど教室には入らずに保健室で過ごす子、給食だけ食べに来て帰る子などは、「不登校傾向」ではあるものの遅刻・早退として扱われ、「不登校」としての24万5000人にも、「長期欠席者」としての41万人にも入っていないことがほとんどです。

さらに言えば「不登校」としてカウントされていない「長期欠席者」の中に、学校でのストレスが原因で体調を崩してしまった子どもたちが含まれていてもおかしくありません。

その子たちを「不登校」にカウントすべきなのかどうか、これもまた基準は曖昧です。

◎ 数字に現れないたくさんの子どもたちも

つまり「長期欠席41万人・不登校24万5000人」という数字はあくまでも文科省の「定義」に合う子どもたちの人数であって、**その裏には「毎日朝から夕方まで教室で過ごしているわけではない」という子どもたちが、少なからずいる**のです。

この数字を見るだけでも、いつ、誰が、どんなきっかけで不登校になっても、決しておかしくない時代なのだということがお分かりいただけると思います。

図表1 小・中学校の長期欠席者の推移

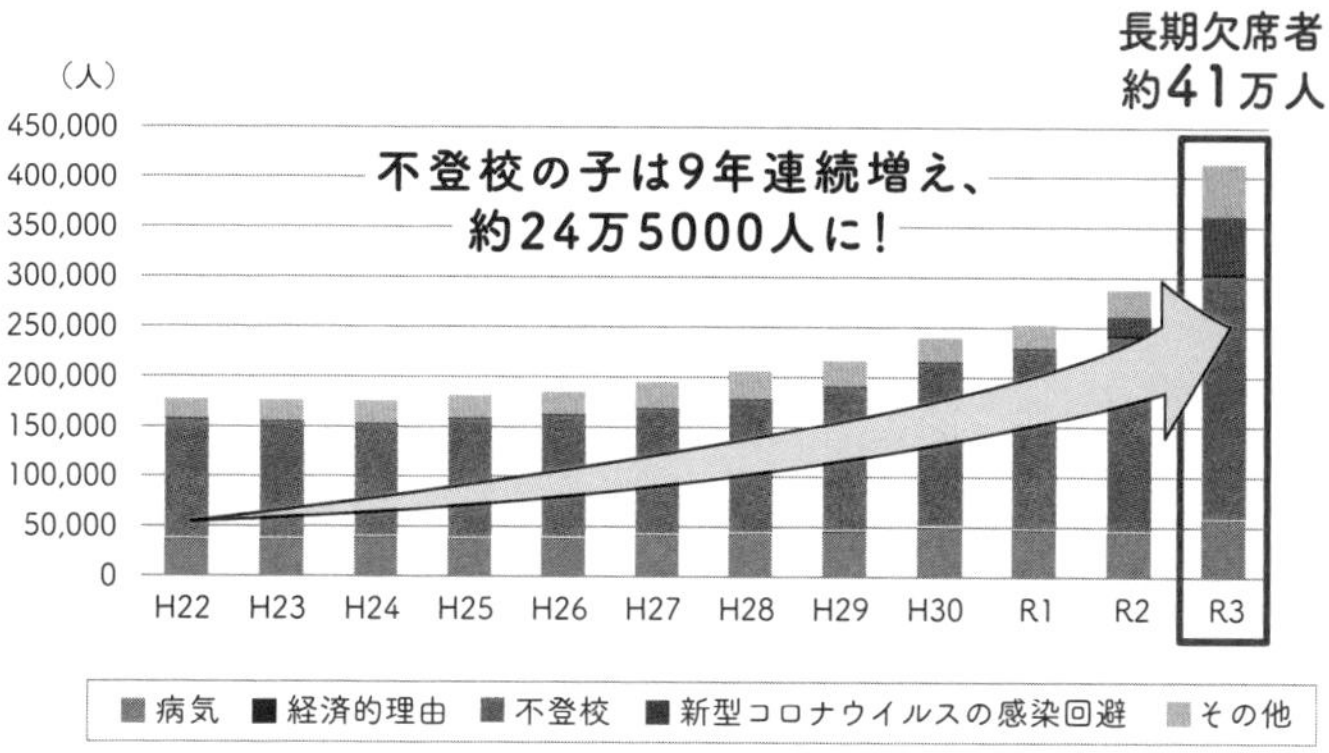

※年度間に30日以上欠席した児童生徒について調査。令和2年度調査から、長期欠席の理由に「新型コロナウイルスの感染回避」を追加。

図表2 学年別不登校児童生徒数

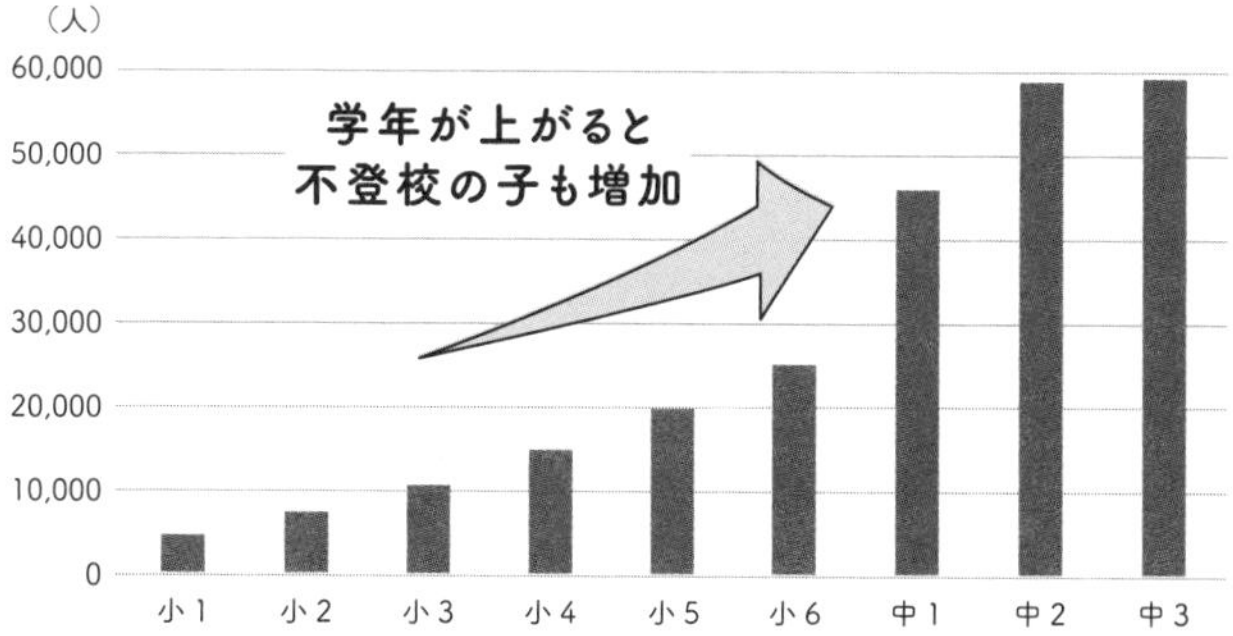

出典：図表1、2とも、文部科学省「令和3年度児童生徒の問題行動・不登校等生徒指導上の諸課題に関する調査結果」をもとに作成

「隠れ不登校」の子どもたちは、「不登校」の3倍も!?

「不登校」にカウントされていない子どもでも、みんなが元気に朝から夕方まで教室で過ごしているとは限らない、とお伝えしました。

〝隠れ不登校〟とも呼ばれる「不登校傾向」にある子どもたちは、「不登校」にカウントされている子どもたちの3倍以上もいると言われています。

割合で言えば、全中学生のうちの10・2%、つまり10人に1人以上の子どもが「隠れ不登校」状態だという統計もあります（P40図表3）。

こうした子どもたちは、新型コロナウイルス流行以降、さらに増加している可能性があると思われます。

◎部分登校、仮面登校……「不登校傾向」は人それぞれ

「隠れ不登校」の子どもたちには、次のようなケースがあります。

教室外登校…校門、保健室、図書室、校長室などには行くけれど、教室には行かない。

部分登校…基本的には教室で過ごすが、授業に参加する時間が少ない。

仮面登校A（授業不参加型）…基本的には教室で過ごすが、皆とは違うことをしがちであり、授業に参加する時間が少ない。

仮面登校B（授業参加型）…基本的には教室で過ごし、皆と同じことをしているが、心の中では学校に通いたくない、学校がつらい、嫌だと感じている。

ただ、「教室外登校」と言っても、「教室にはいじめっ子がいるから入りたくない」

図表3 中学生の不登校・隠れ不登校の割合

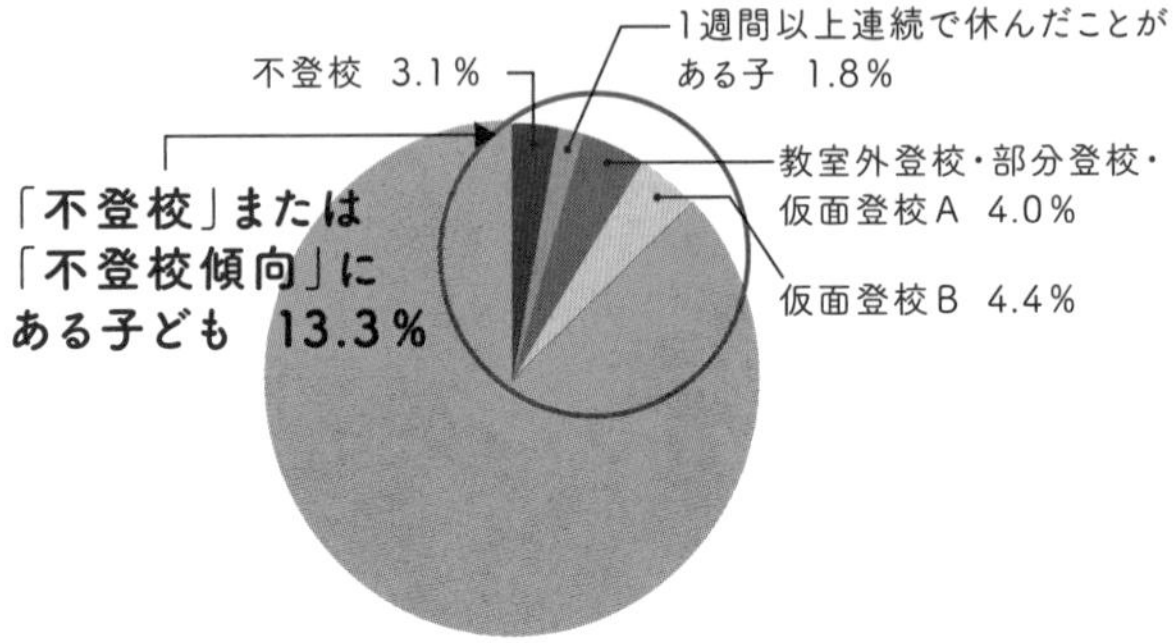

※推計精度を高めるため、小数点第十四位まで算出した%スコアで人口推計を行った。
平成30年（速報）学校基本調査のデータを用い、人数を推計。

出典：日本財団「不登校傾向にある子どもの実態調査【現中学生に聞いた】『中学校生活』タイプ別ボリューム」をもとに作成

と子どもが教室に入ることを拒絶しているケースもあれば、「算数の授業についていけないから、算数の時間だけ別室で指導をする」とか、「前年度に不登校だったので、少しずつ復帰するために保健室登校をすすめている」といったように、学校側が教室外登校を推奨しているケースもあります。

学校も「全員一律に教室にいないとダメ！」という考え方から、**「形はどうであれ、学びを続けていくことが大切」**という考え方に移行しつつあるのでしょう。

このように、学校の多様な対応と献身的な努力で「不登校」に至らず、「不登校傾向」にとどまっている子どもたちでさえ、年々増えているのが教育現場の実情なのです。

不登校の〝本当の原因〟は、簡単には分からない

これだけ「不登校」も「不登校傾向」も増え続けているのだから、子どもが学校に行けなくなる明確な理由があるに違いない、と思われるかもしれません。

文科省は、不登校の要因としては学校起因（21・2%）、家庭起因（12・3%）、本人起因（61・4%）というデータを出していますが（P43図表4）、実際はそんなに簡単に割り切れるものではありません。

◎不登校の原因は複雑に絡み合っている

不登校は、子どもの日常に〝何か〟の出来事が長い期間、解決されずに絡み合った結果として表れる現象です。子どもに、それを聞き出せば、いじめ、先生とのトラブ

ル、勉強への苦手意識など、何らかの理由を答えるかもしれません。しかし実際は、子ども自身の言葉では表現できない〝何か〟、たとえば発達の特性や、健康問題、家庭での出来事などが複雑に関係しています。

たとえば学校に行きしぶる子どもが「友達とうまくいかないから」と答えた場合、左の分類なら「学校起因」に当てはまりますが、その根っこには、幼い頃に親御さんたちに甘えられず愛着障害が生じて、他人と人間関係をうまく結べなくなった、という意外な原因が潜んでいるかもしれません。

では、なぜ子どもを甘えさせられなかったのかというと、夫婦の不和があって、親御さんが余裕を失っていたのかもしれません（左でいう「家庭起因」）。

しかし、実はその不和は、子どもの育てにくさ（左でいう「本人起因」）を理由に夫婦ゲンカが重なった末のことなのかもしれません……。

また左の調査で、不登校の最多の要因となっている「本人の無気力、不安」なども、親や教師との関係がうまくいかない結果ともとらえられます。

このように、**原因はひとつではなく複雑に絡み合っていることがほとんど**で、ひとつの原因を特定することはあまり意味がないのです。

図表4 文科省調査での不登校の要因

		小学校		中学校		合計		
不登校児童生徒数		81,498		163,442		244,940		
学校に係る状況	いじめ	245	0.3%	271	0.2%	516	0.2%	学校起因 21.2%（単一回答）
	いじめを除く友人関係をめぐる問題	5,004	6.1%	18,737	11.5%	23,741	9.7%	
	教職員との関係をめぐる問題	1,508	1.9%	1,467	0.9%	2,975	1.2%	
	学業の不振	2,637	3.2%	10,122	6.2%	12,759	5.2%	
	進路に係る不安	160	0.2%	1,414	0.9%	1,574	0.6%	
	クラブ活動、部活動等への不適応	10	0.0%	843	0.5%	853	0.3%	
	学校のきまり等をめぐる問題	537	0.7%	1,184	0.7%	1,721	0.7%	
	入学、転編入学、進級時の不適応	1,424	1.7%	6,629	4.1%	8,053	3.3%	
家庭に係る状況	家庭の生活環境の急激な変化	2,718	3.3%	3,739	2.3%	6,457	2.6%	家庭起因 12.3%（単一回答）
	親子の関わり方	10,790	13.2%	8,922	5.5%	19,712	8.0%	
	家庭内の不和	1,245	1.5%	2,829	1.7%	4,074	1.7%	
本人に係る状況	生活リズムの乱れ、あそび、非行	10,708	13.1%	18,041	11.0%	28,749	11.7%	本人起因 61.4%（単一回答）
	無気力、不安	40,518	49.7%	81,278	49.7%	121,796	49.7%	
上記に該当なし		3,994	4.9%	7,966	4.9%	11,960	4.9%	その他 4.9%

※1「長期欠席者の状況」で「不登校」と回答した児童生徒全員につき、主たる要因一つを選択。
※2 右側の「%」は、不登校児童生徒数に対する割合。

出典：文部科学省「令和3年度児童生徒の問題行動・不登校等生徒指導上の諸課題に関する調査結果」をもとに作成

不登校は、その子のせいではない

「原因は分からないと言っても、多くの子どもたちは毎日通えている……。やはり、うちの子に何か原因があるのでは?」。

そう考えてしまう親御さんも、多いかもしれません。

それでも私たちが伝えたいのは「不登校は子ども自身のせいではない」ということ。

不登校になりやすい要因として、発達障がいなどの特性が言われることもありますが、仮にそのような特性を抱えるお子さんだったとしても、「発達障がいだから不登校になる」わけではありません。

◎ 学校も家庭も、今、変化の過渡期にある

今、子どもを取り巻く社会環境は、様々な変化にさらされています。学校の教員はどんどん多忙になり、過労で仕事を離れてしまう人も増えています。

採用倍率も低下しており、教師の人数も質も、担保するのが難しい状況になっていると聞きます。**〝少し気にかかる〟子どもたちをサポートする余裕がもうない**という現場は、とても多いのです。

では、**家庭で子どもたちをサポートできるかというと、家族形態の変化により、それも難しくなってきています。**

今、18歳未満の子どもがいる世帯の8割以上が核家族です。定年もおおむね65歳まで延長され、平日でも〝おじいちゃんおばあちゃんがのんびりしている〟なんて家は減っています。

コロナ禍をきっかけに、オフィスに行かずに働くリモートワークも広がり、子どもとの時間が増えた家庭もありますが、そうした働き方が選べるのはまだ少数です。

共働き家庭も増え、昼間は大人が誰も家にいないということも多くあります。

この過渡期の社会のしわよせが、最後に一番弱い立場の子どもたちのところにたぐり寄せられ、「不登校」という形で表出しているとも言えるのではないでしょうか。

◎犯人捜しはあまり意味がない

地域や年代によっては、「子どもに障がいがあるのは親のせい、学校に行けないのは育て方のせい」などと言ってくる方もいるかもしれません。でも、**発達障がいなどの本人の特性は、保護者の育て方とは関係がありません。**

「子どもが学校に行けないのは、私の育て方のせい？　それとも先生のせい？　誰が悪かったの？」など、犯人捜しをしすぎないようにしてほしいです。

どんな環境でも適応しながら過ごすことができる子もいれば、得意とする環境を選ばないと苦しくなる子もいます。仮に**発達障がいの診断がついていたとしても、環境によっては適応できる場合もあります。**

たとえば、音に対して過敏な特性を持つ子にとっては、落ち着いた子が多いクラスなら元気に過ごせるけれど、落ち着きがなく声が大きい子が多いクラスだと、その状況自体が苦しくなってしまうという場合もあります。

自由に自己決定を許す環境であれば穏やかに過ごせても、厳格で細かなルールが多いと適応できない子もいますし、感じた疑問を先生に指摘しすぎてしまう子もいます。

そういった本人の特性に、発達障がいという診断がつく場合もありますが、個性のひとつとして診断がつかない「グレーゾーン」と呼ばれる子も多くいます。

不登校の子どもたちの中には、発達に特性を持つ子どもたちもいますが、「特性がある＝不登校になる」というわけでは決してありません。

あくまでも**本人の特性と、環境的要因、社会的要因のかけ合わせの結果である**ことを、知っておいていただけたらと思います。

不登校は〝法律違反〟ではない。うしろめたさを感じなくて大丈夫

不登校が増えていくにつれて、不登校のとらえ方も少しずつ変わってきています。この流れは、不登校関連の書籍のタイトルからも読み取れます。

不登校が「特殊な事例」として扱われていた時代には、「認知行動療法」「不登校を直す」といった、子どもに変化を促し〝不登校を解決する〟というキーワードが目立っていました。

ところが、**近年は、「学校だけが選択肢ではない」「自己肯定感を育む」といった、子どもの特性を受け入れつつ、学校と家庭の環境の変化も包括しながら考えようという視点が主流**となっています。

そのためか、「そんなに心をすり減らしてまで学校に行く必要がないのでは?」と口にする保護者の声もよく聞くようになりました。不登校に対する社会の認識は、少

しずつでも、確実に前に進んでいるのです。

◎ 時代とともに、法律も変わってきている

これまでは、世間の常識として、「学校に行かせること」が、「義務教育を果たすこと」とイコールであると考えられていました。「学校を休ませたいのですが」と先生に相談したところ、「子どもを学校に行かせないのは、法律違反です！」と、叱られたなんて話を聞くこともあります。

しかし、**義務教育に関する考え方も、法律のレベルで大きな転換点を迎えています。**

日本国憲法の第26条には「すべて国民は（中略）ひとしく教育を受ける権利を有する」「法律の定めるところにより、その保護する子女に普通教育を受けさせる義務を負ふ」と、書かれています。義務については子どもに課せられているのではなく、保護者に課せられているということですが、この条項の意図は、子どもに教育を受けさせず家の仕事を手伝わせることなどを禁じるために設けられたとも言われています。

さらに、この条項には「法律の定めるところにより」とあります。

少し難しいですが、大事な話なので、もう少しおつきあいください。

国の教育政策に関する考え方をまとめた法律「教育基本法」では、普通教育を「各個人の有する能力を伸ばしつつ社会において自立的に生きる基礎を培い、（中略）基本的な資質を養うこと」と定義しており、続けて国や自治体は、すべての子どもに義務教育を保障する義務を負っていること等が書かれています。

このため、学校教育は法律で定められた義務だと誤解を招きがちですが、**ここで定められていることは、「国が義務教育を保障する義務を背負っている」ことであって、「無理して子どもを学校に通わせる義務がある」とはどこにも記されていない**のです。

◎ 子どもにとって学ぶことは「義務」ではなく「権利」

普通教育の趣旨に適した教育であれば、学校以外の学びも教育として認められます。このことを法律で改めて明記したものが、2017年に施行された通称「教育機会確保法」です。ここでは「学校以外の場での多様で適切な学習活動の重要性に鑑み、個々の休養の必要性を踏まえ、不登校児童生徒等に対する情報の提供等の支援に必要な措置」を国や自治体が講ずるように求めています。

つまり、学校に行けない子どもに休養を与え、その間、学校以外の場所での学びを推奨していく考え方を示したのです。ですから、**「学校に行かずにいろんな場での学び方を試してみる」ことに、うしろめたさを感じる必要はありません。**前向きにとらえるべきことなのです。

しかしこの法律が制定される前までは文科省の不登校支援の考え方は「学校復帰が前提」となっており、この法律との間に矛盾が生じる状態になっていました。

そこで、文科省は2019年に、この法律を学校現場で運用するガイドラインとして**「不登校児童生徒への支援は、『学校に登校する』という結果のみを目標にするのではなく、児童生徒が自らの進路を主体的に捉えて、社会的に自立することを目指す」**と明記した通知を出します。

これも「大きな一歩」と言えるでしょう。

このように、不登校は、決して法律違反ではありません。子どもにとって学ぶことは、「義務」ではなく「権利」なのです。

第2章

「学校に行きたくない」。その時、どうすれば？

たいていの「不登校」は、親から見ると〝突然に〟始まります。
そして、理由もはっきりとは分からないことが多いもの。
そのため、親は動揺して、怒ったり、責めたり、
悲観したりして、子どもを傷つけてしまうことがあります。

相談する相手もいない孤独な状況で、出口が見えないと
親自身が追い詰められてしまうケースも……。

本章では、子どもが「学校に行きたくない」と言い出した時、
親はどのように子どもと接すればいいのか、
不登校の基本的な初期対応や心構えを考えたいと思います。

ほとんどの親が寝耳に水！でも実は〝突然〟ではない

ほとんどの親にとって、「学校への行きしぶり」や「不登校」は寝耳に水の出来事。でも実は、**「行きたくない」と言い始める前から、孤独や自己否定を感じる様々な経験によって、子どもの心のエネルギーが下がっている状態**になっています。

たとえば、授業の内容が理解できないまま机に向かっていたり、友達とのコミュニケーションを苦手としていたり、いつも先生や親に注意されてばかりだったり……。そういった経験による自己否定が重なり、何かのきっかけで、ある一定のライン（P57図表2の「登校できるライン」）を下まわった時に、学校に行けなくなったり、部屋から出られなくなったりするのだと考えられます。

不登校の初期に出やすい、子どものSOSサインを左に挙げました。

図表1 不登校初期に出やすいSOSサイン

- □ 腹痛
- □ 頭痛
- □ 発熱
- □ 吐き気
- □ 眠れない
- □ 起きられない
- □ めまい
- □ 倦怠感
- □ 食欲不振
- □ 無気力
- □ イライラ
- □ 集中力低下
- □ 遅刻・欠席・早退が増える
- □ 登校しても教室に入れなくなる
- □ 友達とのつきあいが減る
- □ 家族と一緒に食事ができない
- □ 学校の宿題ができなくなる
- □ 提出物を出さなくなる

※支援した事例から、よくあるSOSサインをカタリバがまとめました。

心のエネルギーが回復していくプロセスを知ろう

学校を休み始めても、回復するどころか、さらに部屋に閉じこもるようになると親はいよいよ慌てることが多いと思います。でもそれは、標準的なプロセスです。

左の図表2のように、心のエネルギーは、不登校になり休養に入ってもしばらく下がり続けます。**この時期は、部屋に閉じこもったり家族への暴言があったりと、多くの経験者の皆さんが「あの頃が一番つらかった」と言われる時期**でもあります。

あらかじめ、子どもの心のエネルギーが、どのように変化・回復していくのかを知っておけば、必要以上に慌てることも少なくなると思います。

カタリバで長年不登校の子どもたちの支援に携わってきたスタッフ・池田隆史は、不登校の子どもたちの心の状態を見極めながら、その時々に合った関わり方をしていくことが大切と話します。

図表2　心のエネルギーのグラフ

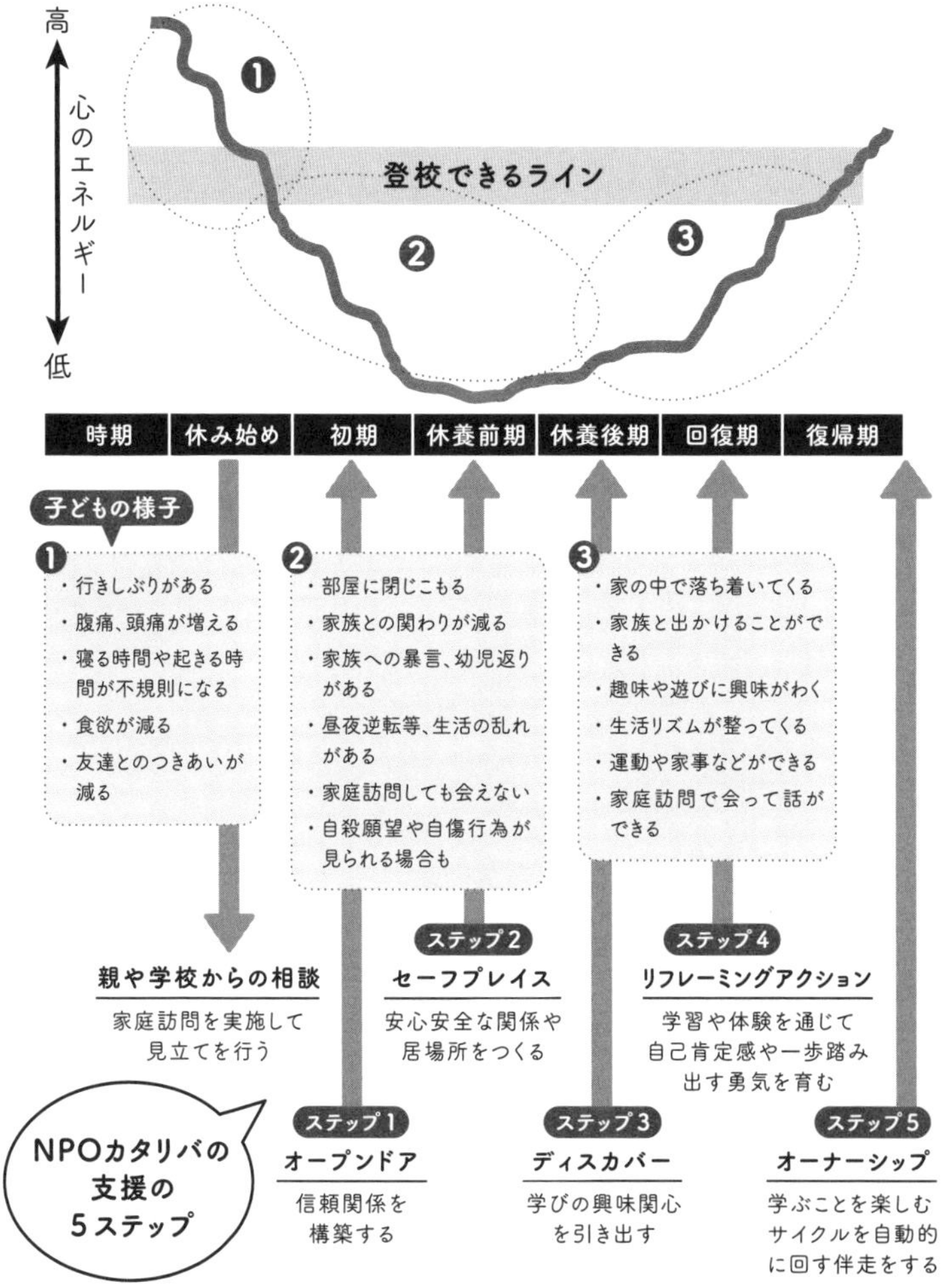

ここから、子どもの状態ごとの関わり方を解説します。それぞれの期間がどれくらい続くかは個人差がありますが、最初にロードマップを知っておくことで、落ち着いて対処できるようになるでしょう。P57の図表もあわせてご覧ください。

◎休み始め〜初期

子どもが「学校に行きたくない……」と言い出す「行きしぶり」が始まります。「最初はしぶっていても、行けば楽しく過ごせる」のか「本当に行きたくない、もう行けない」のかの見極めに悩む場合は、体調・食事・睡眠の様子などを観察してください。

P55にも挙げたように、腹痛や頭痛を訴えたり、不眠になったり、朝ベッドから起きられなくなったり、ごはんの量が減ったりするのは、なんらかのサインです。「これくらいたいしたことない」と過小に評価したり、「大変なことが起きた」と慌てすぎたりせず、落ち着いて関わるようにしてください。何日か続くようであれば、学級担任や保健の先生などに相談してみるのもよいでしょう。

子どもの話をゆっくりと聞く時間をつくったり、葛藤や不安を受け止めたりすることが大切です。また、子どもは自分の感情や体調を適切に伝えられないことも多いもの。**「今日の『疲れ度』は5段階のどのへん？」**と聞いてみるなど、体調や気分について共有しやすい質問をしてみましょう。

◎ 休養前期

心のエネルギーが涸れてしまい、底すれすれとなってしまうのが、この休養前期です。家族へ暴言を吐いたり、幼児返りしたりする子どもが多く見られます。先生や支援スタッフが家庭訪問に来ても「会いたくない」と部屋に閉じこもったり、昼夜逆転した生活になったりする場合もあります。

この頃は親御さんも気持ちが振り回され、つらい時期です。子どもが「死にたい」という希死念慮を話したり、自傷行為に及んでしまったりする場合もあり、「もう、どうしていいか分からない」と絶望的な気持ちになるかもしれません。

こうなると**家庭内だけで抱えるのは難しくなってきます**ので、学校や関係機関と協力体制をつくっていくことをおすすめします。不登校の子どもを持つ親の会などに参加して、保護者が息抜きすることも大切です。本人の興味に関心を持ったり、小さなことでも温かく励ますなどしながら、ゆとりを持って子どもを見守れるとベターです。

◎ 休養後期

エネルギーはまだ低いものの、家の中で落ち着いてきたり、家族と出かけることができたりするようになる時期です。趣味や遊びに興味がわいたり、運動や家事などができるようになる子もいるでしょう。

この時期になってきたら、**子どもと相談しながら無理のない範囲で、小さな目標やステップを設定するのもいいと思います。**たとえば、「リビングで過ごしてみる」「一緒に買い物に行く」「家族で食事をする」など、小さなことから少しずつ進めましょう。

本書の第5章で詳しく解説している、近くの「教育支援センター」やフリースクールなどの「居場所」について話をしたり、興味を持ったら見学に誘ったりすることもできるかもしれません。その場合、事前に保護者が見学し、施設や活動の様子に加えてスタッフの様子などを確認しておくほうがいいと思います。

◎ 回復期

この頃になると、少しずつ子どもの心のエネルギーが溜まってきて、**「家にいるのも退屈」「なんだか暇……」と言い始めたりします。**また、友達と遊ぶことができるようになったり、学習に興味を持ったり、「将来どうしようかな、進学できるかな」と考え始める子どももいます。

訪問面談に顔を出せるようになったり、教育支援センターやフリースクールなどへ通えるようになる子もいるでしょう。〝教育支援センター〟と言っても子どもは理解しづらいと思うので、「勉強をサポートしてくれるスペースがあるらしいよ。一緒に行ってみる?」など、子どもが抵抗感を持ちにくい説明をしてみてください。

この時期に大切なのは「回復してきた! 遅れを取り戻さないと!」と親が焦りすぎず、**本人の決断やペースを尊重しながら、子ども本人に自己決定させていくこと**です。学校への登校や、教育支援センター、フリースクールなど、様々な居場所の利用を考えていく場合も、タイミングや方法、頻度は本人と話をして決めましょう。

子どもによっては、親の期待に応えようと無理をして、また心のエネルギーが減ってしまうこともあります。**子どもの状態は、行きつ戻りつを繰り返します。**あまり一喜一憂しすぎず、長い目で子どもを信じてみてほしいと思います。

◎ 復帰期

この頃になると、生活リズムが整い、相談室や保健室などを利用した登校や、教育支援センターなどの利用が定期的にできるようになってきます。友達と遊んだり学習を進めたりすることもできるでしょう。

学校や利用機関と連携しながら、無理をしていないかどうかは定期的に確認してください。たとえば、腹痛や頭痛、吐き気などの心身症状がないか、勉強に主体的に取り組めているか、つまずきがないか、などです。

「別室登校はできているけれど、集団教室へ戻らなくて大丈夫かな」と不安になる場合もあるかもしれませんが、**子どもが自分に合った環境で学びを続けていられれば、問題はありません。**ここまで復帰しただけでも、子どもも保護者もかなり頑張っているはずです。子どもにも、ご自身にも、それを認めていただきたいと思います。

以上のような流れをたどって、子どもは心のエネルギーを回復していきます。落ち着いて伴走していきましょう。

「なぜ、学校に行けないの？」と問い詰めても、あまり意味はない

子どもが不登校になると、親としては「きっと何か原因があるに違いない！　原因が判明して解決すれば、またすぐに行けるようになるはず」と考えたくなりますよね。

けれども、これまでお伝えしたように、不登校の原因は複雑に絡み合っていることが多いもの。**子どもに理由を問い詰めることには、あまり意味はない**と考えたほうがいいでしょう。

◎子どもが漏らす「理由」は氷山の一角でしかない

大人でも、「最近、夫婦の関係がぎくしゃくしてるけど、いつから始まったんだろう……」とか、モヤモヤの理由が特定できないこと、ありますよね。

大学を卒業してすぐにNPOをつくって走り始めてしまった私も、この20年、思えばずっと壁にぶち当たり続けていました。分からなくなると、コンサルタントのような方に相談してみるものの、様々な資料で理路整然とした解決策を提案されても、なんだかしっくりこない……こういうことは常に起き続けます。

きっと本当の問題はもっと深いところにあるのに、私自身がうまく気づけておらず、相談の俎上に載せられていないのでしょう。

重要なのは、〝自分でも気づけていない部分〟なのです。

ましてや、子どもが自分の複雑な気持ちを、言語化するのは難しいもの。「なぜ、学校に行けないの?」と、子どもを問い詰めれば、もしかして何か理由を話してくれるかもしれません。でも、それは海面からのぞいている氷山の一角のようなもの。自分でも言葉にできないモヤモヤとした思いが、水面下に広がっている可能性のほうが高いと考えて間違いないでしょう。

たとえば、不登校を経験したAさんは、小学校2年生の時に、ある日、突然、学校に行けなくなりました。そんな兆候はそれまで全くなかったので、家族は口々に「どうして行かないの?」とたずねました。が、当時のAさんは、理由をたずねられるのが嫌で、言葉で説明することもできませんでした。

しかし、20代になったある日、お母さんにこんな風に話しました。

「最近、思い出すんだけど、小学生の時、いつも大きな声で怒る先生がいたの。他の子が怒られてる時も、ずっと動悸がしてた。ある日の授業で、学校のベランダに花の種を植えることになったんだけど、私、種の処理の仕方を間違えてしまったの。このまま植えたら、私だけ芽が出なくなって先生に怒られちゃう。怖くなって種をこっそりベランダから捨てたの。でも、捨てたことがバレたらどうしようと思ったら、気になって気になって、さらに苦しくなって学校に行けなくなっちゃった……」。

大人からすれば、些細なことに見えても、当時の繊細なAさんにとっては、絶対に口に出せない秘密だったのです。

◎不登校のきっかけと休み続ける理由は別のことも

さらには当時、Aさんのお父さんがお母さんに「学校なんて行くのが当たり前なのに、お前の育て方が悪いんだ！」と怒鳴っていたり、祖父が毎日のように「あの子はなんで行けないんだろう」とお母さんに問いかけたりするのをAさんは耳にしていました。悩み苦しんだお母さんは、近所の人に相談し涙することもあったそうです。

そんな家族の様子が、さらにAさんを追い詰め、ますます身動きがとれなくなっていったのかもしれないと、今、Aさんのお母さんは振り返ります。

このように、子どもが学校に行けなくなったきっかけの出来事が、休み続ける理由と同じとも限りません。

もし原因が解決されても、気分がすぐれない日もあります。常に、子どもの心の状況も変化していきます。そんな中で、今学校に行けない原因を、子どもが言葉で説明することは、とても難しいことなのです。

原因の究明よりも、まずは休ませてあげることのほうが先決です。

「おなかが痛い」「頭が痛い」なら、休ませて医療機関を受診する

不登校の初期には、P54にも書いたように、腹痛や頭痛などの身体症状が現れることも多いものです。

子どもが自分から「おなかが痛い」「頭が痛い」と言い出すのは、本当にそう感じているからでしょう。たとえ、**学校に行く時以外はケロリとしていたとしても「仮病かも？」などと思わず、まずは休ませてあげること。**

いつもより少し時間をかけて向き合いながら、本人が話したくなるまで根気よく待つ、ということも大切だと思います。

◎起立性調節障害がいや過敏性腸症候群の場合も

症状が長引く場合、次のようなケースもあります。

たとえば、**起立性調節障がい**は、思春期の子どもたちによく見られる自律神経機能不全の一種です。朝起きられず、失神、倦怠感、動悸、頭痛などの症状が午前中に出ることが多く、重症化すると長期的に学校に行けなくなってしまいます。

数カ月にわたって腹痛や下痢、便秘を繰り返すのが、**過敏性腸症候群**です。学校に行こうと思うとおなかが痛くなる、家を出たのにおなかが痛くて戻ってくる……というところから、不登校になることがあります。

ただし、**こうした身体の問題が不登校の直接の原因になっていたとしても、その症状が出る原因のひとつにはストレス**が考えられます。実際のところ根本的な原因を見極めるのは難しいところでしょう。

不調が続くなら、早めに医療機関を受診しましょう。

何科にかかればいいのか、どのような点に注意すればいいのかを次のページにまとめました。ぜひ、ご参考にしてください。

不登校の身体症状、何科にかかればいいの？

中学生以下なら基本的には小児科

中学生までのお子さんであれば、基本的には小児科を受診するのが一般的です。


身体的な症状だけでなく、心理的な要因も強く関連していると思われる時は、「子どものこころ専門医機構」で認定されている「子どものこころ専門医」が在籍している小児科も選択肢になるでしょう。

近隣のどの小児科に専門医がいるのか、把握しておくといざという時、安心です。

高校生なら一般内科か精神科

多くの小児科は18歳まで診察できますが、高校生だったら一般内科のほうが適切でしょう。

また、思春期にさしかかっているお子さんに精神症状や心理的問題が見られる場合は、思春期・青年期に対応できる精神科がよいと思われます。


ちなみに心療内科には、精神科医が在籍している場合と心療内科医（心身医学を基礎理論とする専門医）が在籍している場合があります。対応可能な問題や治療法が変わる場合がありますので、事前に問い合わせてもよいと思います。

体と心、どちらからアプローチする？

体と心の問題は互いに関連しているので、心身の両方が不調である場合、どちらからアプローチすべきなのかという正解はありません。

本人がなんとかしたい側面、もしくは、本人が「こちらからなら触れられてもいい」と思える側面からアプローチしていくといった配慮が求められます。

医療機関にかかる時、気をつけることなど

投薬治療をすすめられて、迷ったら

子どもの精神的な症状に対し投薬治療（薬物療法）をすすめられると、「そこまで考えていなかった、どうしよう……」と、戸惑う親御さんも少なくありません。次のような質問をしながら医師と相談することで、治療プロセスについてイメージしやすくなるかもしれません。

- □ 薬物療法以外にも「今、もしくは後で」考えられる選択肢は何かあるか？
- □ 効果の有無は、どのくらいの期間で判断できるものか？
- □ 投薬治療はどのくらいの期間続けるべきか？
- □ 副作用にはどのようなものがあるのか？　自分で（家族が）注意できることは？
- □ 緊急の場合の連絡はどうしたらいいか？

どんな治療であっても、本人と保護者の納得や理解が重要です。じっくり考えてかまわないと思います。

医療機関との上手なつきあい方

近隣にかかりつけ医を見つけておくことは重要です。長年にわたって成長過程を見守ってくれた医師は、子どもの特性や家庭事情などを理解して対応してくれることが多いからです。

また、専門的な検査や治療を求める場合も、かかりつけ医からの紹介で医療機関を探してもらうのがスムーズです。

リハビリ専門職や管理栄養士など、メディカル・スタッフがいる医療機関は、様々な教室やトレーニングプログラムを提供していることもあります。そういった場でヒントをもらうと、子ども自身や家族がセルフケアするきっかけがつかめるかもしれません。

カタリバ・アドバイザー　成田慶一（Ph.D.／臨床心理士／公認心理師）

学校に行けないことを責めない。無理強いをしない

今日も「おなかが痛い」とか「頭が痛い」と言って学校を休んだのに、家にいると動画を見たり、ゲームばかりしている……。そんな子どもの様子を見ると、親御さんは今日もまた休んでしまったことへの落胆とともに、「甘やかしていていいのかな」「もっと厳しく、学校に行けと言ったほうがいいんじゃないか」など、悩みますよね。

でも先ほども書いたように、**不登校は「心のエネルギー」が落ちている状態。決して「子どもの甘え」ではない**と理解してください。

◎ ひとまず1週間は学校を休んでみる

前出の不登校支援のスタッフ・池田は、「ひとまず1週間は学校を休んでみようか」

と親御さんから子どもに提案してもらうように、すすめることもあるそうです。

「明日は学校に行けるのかな」と考えながら夜を迎え、翌朝「今日も行けなかった……」と落ち込み、子どもの家での過ごし方を見ていることは、それ自体がお互いにストレスになってしまいます。学校への連絡もつらい気持ちになるでしょう。

休む期間をあらかじめ子どもと一緒に決めることで「あなたが休むことを受け入れているよ」ということが伝わります。そして週末には、できれば子どもとゆっくり向き合って、今の気持ちを認めてあげる。まだ行けないようであれば、翌週行けるかどうかは、1週間休んでからまた考えることにします。


さらに、子どもの状態にもよりますが、**できれば、家での過ごし方のルールを話し合う**といいでしょう。「朝ごはんは一緒にたべようね」とか、「ゲームをする時間を決めよう」とか……。家事のお手伝いを少しお願いしてもいいですね。

「学校に行かないんだから、これくらいやってよ」というメッセージを出さないように注意して、**子どもに頼ってみましょう。**


子どもは、学校に行っていない自分は無価値だと思うことがあります。でも家の中で、役割があること、家族から頼られていることは「ここにいてもいいんだ」と思えて、家族の中の所属意識が安心にもなるでしょう。また、お手伝いに対して感謝を伝えることも、お子さんの自信につながるかもしれません。

◎「引きずってでも連れて行け」にはどう対処？

「自分は子どもを休ませてあげたいけれど、夫や姑が『甘やかすな。引きずってでも連れて行け』と言うので、困っている」……。よく、そんな悩みを耳にします。

誰もが、子どもの幸せを願っているからこそ、良かれと思って言ってくれているのでしょうが、特に子どものケアを主に担っている方は、あたかも「あなたの方針が悪い」と責められているような気持ちにもなるかもしれません。

そんな時は、ひとりで背負い込まず、第三者の力を借りましょう。

「今は学校に行くことを無理強いしないほうがよい」ということを、**先生や、スクールカウンセラー、医師など、専門的な知見を持つ立場の人から、直接話してもらうようにする**と、その家族も納得感が持てるようになるケースもあります。

まずは、学校の中に相談できる人を見つけよう

子どもが不登校になったら、ひとりで頑張る必要はありません。早いうちに相談相手を見つけたり、専門家を味方につけたりしてください。

相談するのに決まった順番はありませんが、最初はやはり担任の先生です。P114でも詳しく書きますが、不登校の原因が担任の先生との不和だった場合は、他の先生や保健の先生、スクールカウンセラーにも相談してみましょう。

相談する際は、保健室などで過ごす「教室外登校」が可能かどうか、ということも聞いてみてください。

また学校内に不登校や不登校傾向にある子どもたちの居場所として**「校内フリースクール」等と呼ばれる別室登校できる専用の教室が設置されていないかどうかを確かめましょう。**「学校外の施設に通うのは勇気がいるけれど、教室に入るのはつらい」

という場合、こうした居場所があるのはありがたいことですよね。設置する小・中学校は増加傾向にあり、全校配置を目指している自治体もあるようです。

◎「不登校特例校」に指定された学校も

ちなみに、今のところ全国に21校（公立12校、私立9校）と数は限られていますが、「不登校特例校」に指定されている学校もあります。

「不登校特例校」とは、学習指導要領にとらわれず、不登校生によりそったカリキュラムを設置している学校のこと。年間の授業時間が1〜2割抑えられていたり、学年制ではなく習熟度別の少人数クラスになっていたりするなど、かなり負担が軽くなっているので、特に勉強を理由に不登校になってしまった子どもにはおすすめです。今後、各県1校は設置予定だそうです。

学校で解決策が見出せなかったり、先生との相性が悪いように感じたりした場合は、自治体の支援機関に相談してみましょう。詳細は第5章でお伝えします。

「もしや、いじめ？」と思ったら注意深く観察しよう

本人がひどく行きしぶっていたり、身体症状が出ていたりする場合、「いじめ」がないかを注視することも、子どもの身を守る上で大切なことです。

ただ近年、いじめは、より見えにくくなっています。**SNS等、承認制のコミュニティは、常に密室**です。

言葉の使い方が未成熟な段階で、短い言葉を送信しあって会話するということ自体が、実は難易度の高いコミュニケーションです。

たとえば、ふざけて撮った写真や動画をグループで共有しあうこともできますし、〝高度なおもちゃ〟を多くの子どもたちが手にしている状態であるとも言えます。

2018年にNPOカタリバがマクロミルと行った「思春期の実態把握調査」では、2割以上の10代が、SNSいじめを経験していると回答しました（P78図表3）。

図表3 【思春期】SNSいじめの実態

SNSいじめ経験者は全体の2割を超える。
しかし、いじめにあっても、4割は何も対処できていない。

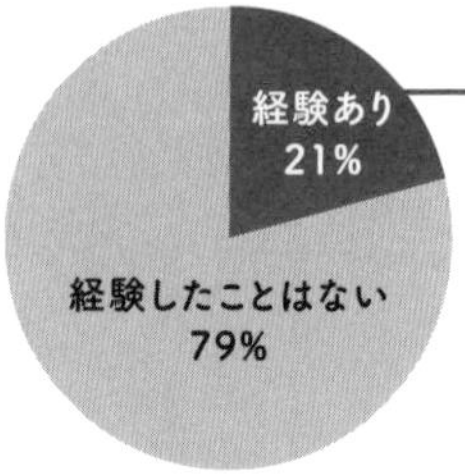

		経験あり	経験したことはない
毎日のSNS利用時間別	30分未満	13%	87%
	30分〜1時間未満	19%	81%
	1〜2時間未満	24%	76%
	2〜3時間未満	21%	79%
	3時間以上	32%	68%

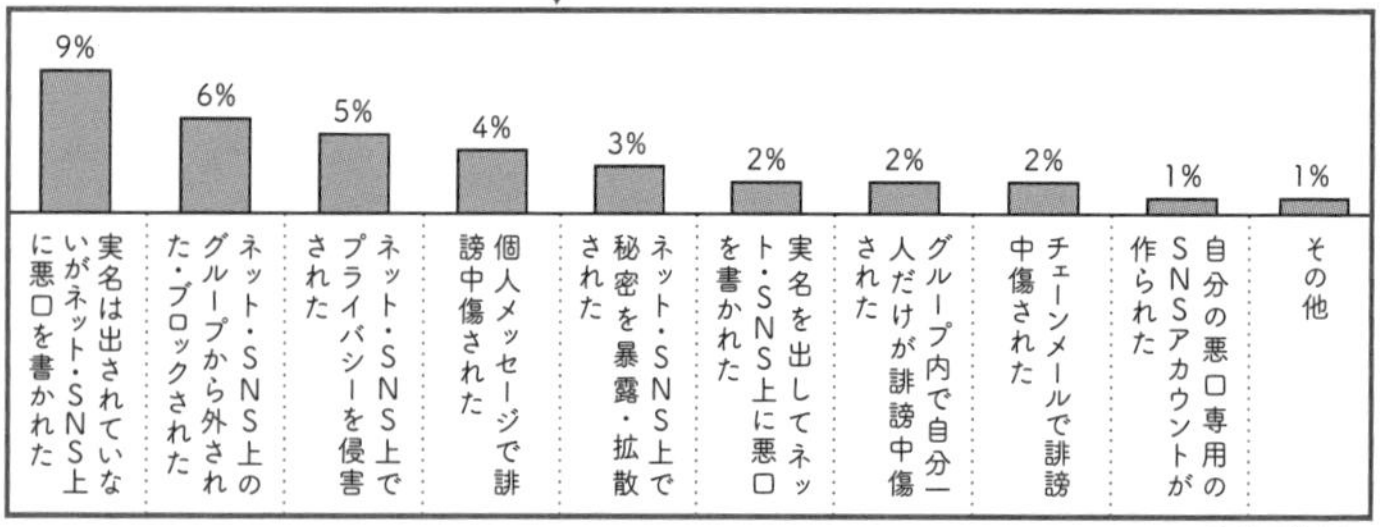

複数回答あり

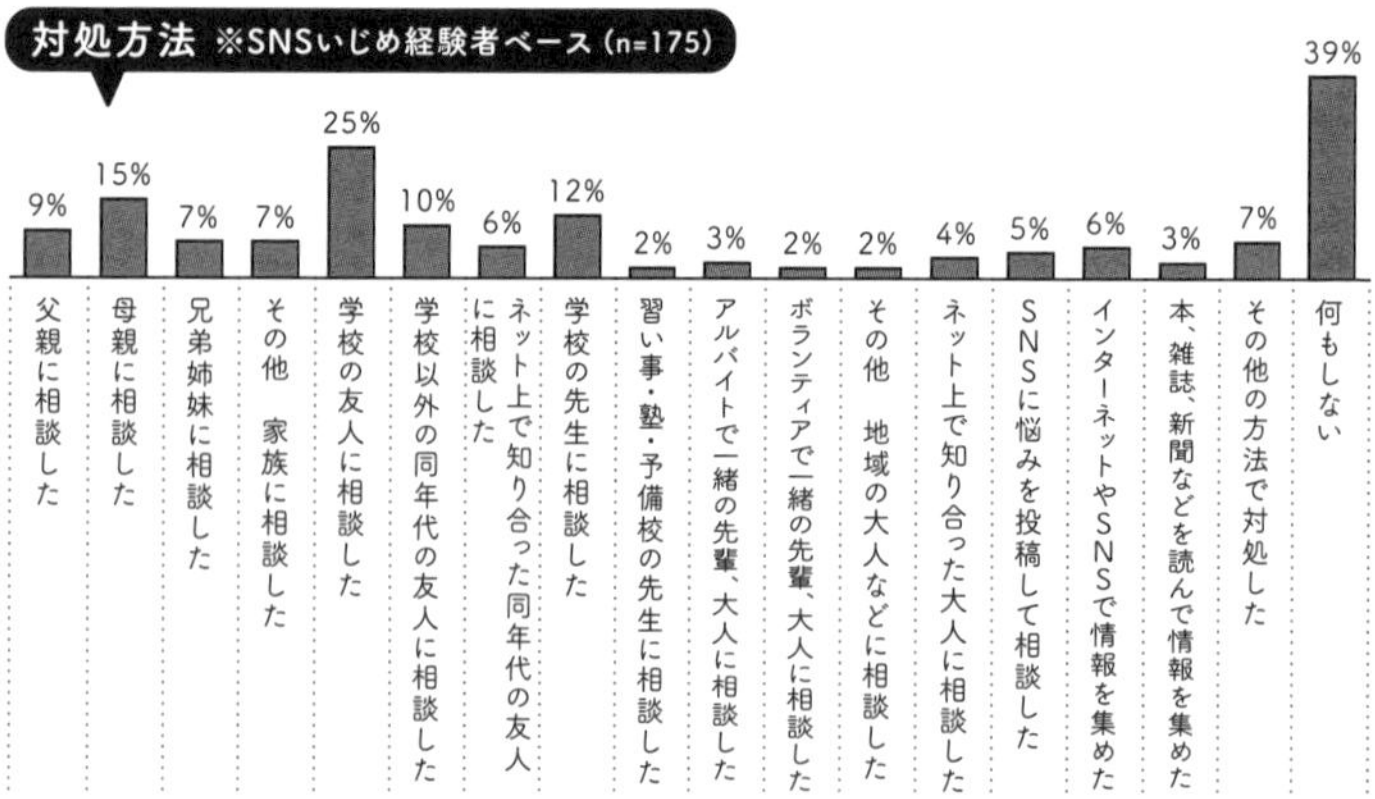

出典：株式会社マクロミル・認定NPO法人カタリバによる「思春期の実態把握調査」2018年

さらに、SNSを3時間以上利用している高校生の3人に1人がSNSいじめを経験しており、SNS接触時間が多いほどSNSいじめの経験が多い傾向があります。また、いじめにあってもその4割は何も対処できていないという結果が出ています。

◎まずは、注意深く観察するところから

また多くの場合、特に思春期においては、子どもは親にいじめられているとは言わない傾向があるので発見するのはさらに容易ではありません。

次にご紹介する「チェックシート」を使って子どもの様子を判断したり、先生やスクールカウンセラーに頼って、教室での様子を観察してもらう等、**まず、何が起きているのか、どの段階なのか、注意深く見定める**ことをおすすめします。

先回りをしすぎて、過干渉になることは、子どもの自立を阻害する可能性もあります。なんらかの友人関係のトラブルがありそうだと分かったとしても、大人が介入して解決に走るべき段階なのか、子どもたち自身で解決していけるように手助けをする段階なのかを観察して関わり方を決めましょう。

いじめチェックリストの使い方

次ページに、文科省が作成した「いじめのサイン発見シート」を紹介しています。Web上には、他団体が作ったものも含め、このようなリストが何種類か公開されています。
しかしいずれも、「これを使えばいじめは必ず発見できます！」というものではありません。

そもそもいじめの形態は、カツアゲや暴力のようにアクションが「ある」ものから、無視や仲間外れのようにアクションが「ない」ものまで多岐にわたります。また、SNSなどネット上のいじめと仲間外れには、物理的な証拠を押さえることが非常に困難な場合があります。

いじめを受けた時にだけ生じる「特異的な」心身の症状というものもありません。食欲がなくなる、眠れなくなる、学校に行けなくなる……といったことは、ケンカでも、失恋でも、打ち込んでいた部活でうまく結果が出なかった場合でも起きるからです。だからこそ、多くのいじめ問題では、周囲が気がついていなかったということがあり得るのです。

チェックリストを使うメリットは、このような発見しにくい問題に対して、「いじめを受けていたならば、うちの子はこんな状態になるだろう」という想定範囲を超える場合でも、網羅的に注意を払えるようになることです。
いじめを見逃してしまうリスクを少しでも減らし、小さな変化でも「もしかして……」と気づくためのきっかけとして、このようなチェックリストを使ってみることは有効だと思います。

カタリバ・アドバイザー　成田慶一（Ph.D.／臨床心理士／公認心理師）

図表4　いじめのサイン発見シート

チェック欄《らん》は2回、もしくは2人で出来るように2つあります。

朝（登校前）

- □□ 朝起きてこない。布団《ふとん》からなかなか出てこない。
- □□ 朝になると体の具合が悪いと言い、学校を休みたがる。
- □□ 遅刻《ちこく》や早退《そうたい》がふえた。
- □□ 食欲《しょくよく》がなくなったり、だまって食べるようになる。

夕（下校後）

- □□ ケータイ電話やメールの着信音におびえる。
- □□ 勉強しなくなる。集中力がない。
- □□ 家からお金を持ち出したり、必要以上のお金をほしがる。
- □□ 遊びのなかで、笑われたり、からかわれたり、命令されている。
- □□ 親しい友達が遊びに来ない、遊びに行かない。

お子さまのようすはいかがですか？

夜（就寝《しゅうしん》前）

- □□ 表情《ひょうじょう》が暗く、家族との会話も少なくなった。
- □□ ささいなことでイライラしたり、物にあたったりする。
- □□ 学校や友達の話題がへった。
- □□ 自分の部屋に閉じこもる時間がふえた。
- □□ パソコンやスマホをいつも気にしている。
- □□ 理由をはっきり言わないアザやキズアトがある。

夜間（就寝《しゅうしん》後）

- □□ 寝《ね》つきが悪かったり、夜眠《ねむ》れなかったりする日が続く。
- □□ 学校で使う物や持ち物がなくなったり、こわれている。
- □□ 教科書やノートにいやがらせのラクガキをされたり、やぶられたりしている。
- □□ 服がよごれていたり、やぶれていたりする。

※チェック項目は参考例です。お子さんやご家族の実態に合わせてご活用ください。

出典：「保存版いじめのサイン発見シート」監修・森田洋司氏（大阪市立大学名誉教授／いじめ防止基本方針策定協議会座長）／文部科学省

「発達障がい」や「ギフテッド」かもと思ったら……

「この子は発達障がいだから」。

そんな言葉をよく耳にするようになりました。

これまで傾向があったとしても、「発達障がい」という言葉でとらえてこなかった人たちを「スペクトラム」（症状があいまいな境界をもちながら連続している）としてとらえるようになり、「発達障がい」と診断する範囲が広がったことが、「発達障がいが増えている」理由のひとつだそうです。

遺伝的にこのような特性を持っている子どもは一定の割合、存在しているものの、それよりも重く受け止めるべきは、**その子が育った環境が、その後の症状の強さに影響してくる**ということ。

Ｐ44でもお話ししたように、発達障がいだから必ず不登校になるわけではなく、**そ**

の子の特性と環境のかけ合わせで、症状が出てくるということです。

とはいえ、現実的にはその環境自体を変えることが難しい場合もあります。学校も、社会も、残念ながらそんなに簡単には変わりません。

ですから、**もし、発達特性によって学校になじめない傾向をもっているのかも、と思ったら、迷わず専門家に相談することをおすすめします。**

◎ 発達障がいの様々な例

発達障がいにも様々なタイプがあります。

注意欠如・多動症（ＡＤＨＤ）の場合は、落ち着きがない、授業中に立ち歩いたり、他の子どもにちょっかいを出したりしてトラブルを起こす、注意が持続しにくい、作業にミスが多いなどの特徴があります。

自閉スペクトラム症（ＡＳＤ）の場合は、人の気持ちを読み取ったり、うまく伝えたりするというコミュニケーションが苦手、行動や考え方に強いこだわりがあるなどの特徴があります。

学習障害（LD）の場合は、知能の発達には異常がないにもかかわらず、読み書き計算など特定のことがうまくできない、学校生活の中での基本的な生活習慣が身につかないなどの特徴があります。

専門家に相談するメリットは、診断名をつけてもらうことではないと、私は思います。診断名がつくと思っていたのに、診断名がつかないグレーゾーンの子どもたちも多数います。ただ、診断名がつくか否かにかかわらず、**早めに専門家に相談することで、その子への関わり方や声かけのコツを教えてもらえれば、長きにわたる親子関係をより豊かなものにしていける**のではないでしょうか。

この分野は、私が語るまでもなく、本当にいろんな研究がなされています。よい働きかけができるよう、ヒントをもらいましょう。

◎〝浮きこぼれる〟こともある「ギフテッド」

発達障がいのように医学的な定義づけがされているものではありませんが、同世代の子どもたちと比較して、高い能力をもつ子どもは、「天から才能を授かった子」という意味で「ギフテッド」や「アドバンス・ラーナー」「特異な才能がある子」などと呼ばれることがあります。

また特定の分野については突出しているものの、他の分野で苦手なことのある子どもたちは、「二重の例外をもっている」という意味で「2E（Twice-Exceptional）」と呼ばれることもあります。

こうした子どもたちも、興味や関心が偏っていたり、特定のことに並外れた情熱や集中力を示したり、想像に没頭しすぎたり、他人の感情を察しすぎたり……と、独特の特性を持っています。

そのせいで、**学校の授業に飽き足りなかったり、クラスメイトや先生と話が合わなかったりして、「落ちこぼれ」ならぬ「浮きこぼれ」て、不登校になることがあります。**今、文科省でも、そうした突出した能力があることによる特性が、学校生活の困難さになっていることを踏まえ、環境整備を検討し始めました。

この分野の専門家はまだ多くない現状ではありますが、保護者の当事者グループは多数あります。ヒントを探し、個々の能力が開花する環境を支えたいですね。

「死にたい」と言う、暴力をふるう等、緊急を要するケースは

子どもが荒れて、家族を罵倒し、時には暴力をふるう。

あるいは、子どもが「死にたい」を連発する……。不登校に悩むご家庭は、そんなシビアな状況に陥ることもあります。

家族としては、そのような手段でしか訴えられない思いがある、ということを酌んであげるのが第一歩ですが、ゆっくり構えすぎると、子どもが自死を決行したり、暴力によって家族が大けがをしたりすることも可能性としてはあります。

まずは、**子ども自身や家族の身の安全を確保した上でコミュニケーションをとっていくことは必須**です。

このように身の安全を確保する必要性を感じるようなシビアな状況であれば、一刻も早く、適切な専門家に相談してください。

緊急を要するケースはどこに相談？

「死にたい」「自殺したい」という気持ちは、医療なら精神科で扱われるべき問題です。単に周囲の注意を引くために言っていると感じられる場合もあり判断が難しいですが、実際に薬物や道具を用意するなど、計画が具体化している場合は、できるだけ早く精神科に相談することをおすすめします。

また家庭内暴力の場合は、一般的に児童相談所や精神保健福祉センターに相談することができます。相手がいる暴力事件や非行などであれば、警察が対応することもあるでしょう。こうした問題の背景には、発達障がいや、何らかの精神疾患が潜んでいるケースもありますので、親として受け止められる限界を超えてしまいそうと感じたら、躊躇なく専門家に相談をしてよいと思います。

また、注意しておくべき点として、いわゆるカウンセリング（臨床心理士などによるもの）においては、原則的には夜間や休日などでの緊急の対応はしないことが一般的です。スクールカウンセラーなど公的機関の心理職はもとより、民間組織の心理職であっても夜間や休日に連絡を取ることはできないことが多いと思います。
一方で、救急対応可能な精神医療機関、電話やSNSのホットライン相談窓口などは、昼夜を問わずアクセス可能なサービスを提供している場合もあります。衝動的に起こる緊急事態への対応と、定期的に行われる支援とをどのように組み合わせることがよいか、時間のあるうちに考えておくことは有益でしょう。
ちなみに、本人が病院に行きたくない、人に会いたくないと言う場合は、一次相談として電話で相談できる機関も多いです。この場合、本人の代わりに家族が赴いて説明を聞くところから相談や支援が始まることもあります。

カタリバ・アドバイザー　成田慶一（Ph.D.／臨床心理士／公認心理師）

第3章

不登校の子によりそう時の7つの心得

不登校は、ちょっとした行きしぶりで終わることもあれば
数年、長引くこともあります。
また、たびたび繰り返すことも少なくありません。
子どももつらい状態ですが、
それをサポートする親御さんにも負担がかかります。
お互いにとっていい関係でいるために、
どんな心構えでいればいいのでしょうか。
この章では、子どもが不登校かもしれないと思ったら
まずは、親が心がけておきたい
7つの大事なポイントを簡潔にまとめました。

1. 子どもを「真ん中」にして考える

「私の子育てが悪かったのかな……」。

きっとここまで何度も悩んだことでしょう。まわりの目や言葉がつらい、そんな風に思うことも多いでしょう。でも気に病む必要はありません。

大切なのは、長い目で見て自立を目指すこと。そのために、子どもが少しでも笑顔で過ごせるよう支援し、人との関係性や学びにもう一度つながれるようにすることです。今は、シンプルに子どもを「真ん中」にして考えましょう。

私たちは、これまで生きてきた中で、様々な「常識」の呪いをかけられています。**子どもを「真ん中」に考えることは、自分にかかった呪いがひとつひとつ解けていくチャンス。人間としての成長の機会をもらった、と考えてみましょう。**この変化を楽しめるようになることは、子どもからのプレゼントかもしれませんね。

2. 思春期という世代を理解する

思春期世代は、親から自立したいという気持ちと、親から離れることで感じる不安との間で揺れる時期。その心の揺れと向き合い、支援することが周囲の大人の役割になります。

思春期世代の心の動きで特徴的なのが、「両価性」です。

両価性とは、相反する感情が同時に存在している状態。たとえば、親に甘えたいけれど、親って面倒くさいしウザい……。両極にある考えを、あっちにこっちにと行き来しているのです。

昨晩までは「明日は学校に行く」と言っていたけれど、朝になると「やっぱり行かない」と言うようなことも、よく起こります。親御さんからすると「なんで昨日と言っていることが違うの？　嘘をついた？」と思ってしまうかもしれません。でも、子どもは嘘をついているわけではなく、両方の気持ちを持っているのです。

「なんであんなことを言ったのか自分でも分からない」と、後から自己嫌悪になり落ち込んで、さらに家族にイライラをぶつけることも。家族は困惑すると思いますが、**「今はそういう時期なんだ」と認識して受け止めてあげること、責めないことが、この時期には必要**です。

◎ 子どもの自立を見守れる環境を

葛藤や不安は、子どもにとっての成長の種でもあります。**気持ちが揺れ動く中で、だんだんと振れ幅が狭くなり、人間関係や学校生活、社会との折り合いのつけ方を学んで、自立していく**のです。

子どもの思春期は、保護者にとっても大変な時期です。子どもが揺れ動きながら自立していく中で親御さんも子どもとの適切な距離を見つけていく時期でもあります。

まわりの大人が協力し子どもの自立を見守れる環境をつくっていきましょう。

3. 同質性の高い世界から外に連れ出そう

友達関係で行き詰まって不登校になってしまっている場合、子どもは同じ価値観を持った集団の同調圧力の中で、がんじがらめになっている可能性があります。

私たちが子どもの頃は、学校の人間関係に悩んでも、自宅に戻れば学校とは気持ちを切り替えて過ごせていました。でも、今はSNSで24時間友達とつながり、学校の人間関係を持ち歩いている子がほとんどです。こんなしがらみの中で過ごしていれば、生きづらさを感じるのも当然のこと。

親にできるのは、**「今住んでいる世界は、実はとても小さな世界なんだよ。外にはもっと広い世界が広がっている。今住んでいる世界から外に出るのは、あなたの自由なんだよ」と示してあげる**ことでしょう。

一方で外の世界を求めて、会ったことのない人とSNSでつながり、そこに居場所を見つけやすくもなっていますが、それもとてもリスクがあります。特に、心が弱っている時期ですから、できれば、親の立場からみても安心だと思えるつながりが見つかるといいですよね。なんとか地域などのつながりで、お子さんが楽しい、居心地がいいと思える居場所に誘い出してあげたいものです。

◎ 新しい世界に導いてくれるキーマンとは

不登校を経験した子どもたちは、「やってみたい」「外を見てみたい」と思う気持ちを立ち上げるのも時間がかかります。だからこそ、「この人がいるなら、行ってみようかな」「この人が言うなら、やってみようかな」と思える第三者の誰かが見つかると、新しい世界に出て行くチャレンジのハードルも下がります。

そんな子どもたちの内発性に火を灯すキーマンになりうるのが、親でも先生でも、同世代の友達でもない、年上だけれど利害関係のない「ナナメの関係」の存在なのではないかと私たちは考えています。

4.「ナナメの関係」を築ける誰かを一緒に探す

ＮＰＯカタリバでは、**タテの関係（親や先生）でも、ヨコの関係（同世代の友達）でもない、年上の人とのゆるやかな関係性を「ナナメの関係」と呼んで、ずっと大切にしてきました。**

思春期世代は、「親から自立したい、でも不安」という揺らぎの中にいます。親に反発し、友達の言うことばかりに耳を傾けるようになるのは、健全な成長の証です。でも、時に友達との関係に悩みを抱えることもあり、それでも親には頼りたくない。そんな思春期世代にとって、「ナナメの関係」の人とよい形で出会えることは、とても大切なのではないかと思うのです。

たとえば、自分が暮らしているコミュニティとは違う世界で生きている、ちょっと年上の人。お説教ではなく「今の自分はこうなんだよね」と少し先からヒントをくれる人……。

親にも友達にも言えない気持ちをポロッとこぼせたり、その人といるだけで、自分がいる世界の外側に楽しいことがあるのかもしれない、と思えるような、そんな人がいるだけで、子どもは救われることがあります。

◎ 子どもが心を開ける人を探す

子どもが不登校になった時、**親にできることのひとつは、子どもにとって安全な「ナナメの関係」の人と出会える可能性のある場所に誘い出す**こと。

親がしゃしゃり出なくてもSNSなどを使えば、子ども自身が簡単に人とつながれる時代ですが、判断能力が乏しい子どもたちが自由にネットで人とつながることは、ライフジャケットも着ずに海に出て、いかだで大海を渡ろうとするようなもの。

特に心が弱っている時は、大人でも子どもでも、自分のことを分かってくれると思う人にすがりたくなるものです。でもその結果、様々な事件につながる事例もありますので、不登校で心のエネルギーが落ちている時は、少し慎重に見守ってあげる必要があります。

ですから、まずは親が信頼できると思える人とのつながりの中から、お子さんが「この人なら」と心を開くことができる人は誰なのか、そこからきっかけをつくってあげると安心でしょう。

ただし、**ここで大切なのは、「無理強いはしない」**こと。特に思春期の子どもは親の意図を察して、さらに心を閉ざしてしまうこともあります。

いろんな場に一緒に行こうとしたり、自宅に人を招いて一緒に食事をしてみたりしても、「行きたくない」とか「めんどくさい」と言って出てこなくて、結局無駄になることもあるでしょう。協力をお願いした人に「せっかく来ていただいたのに申し訳ない……」と言わなければならないこともあるかもしれません。

何をしてもダメで、親がヘトヘトになってしまう、そんなこともあるかもしれません。

でも、大切なのは、子どもの心が少しでも前を向くきっかけが見つかること。それだけはぶれないように、ゆっくりと、伴走していきましょう。

5. 子どもの「レジリエンス」を育む

「レジリエンス」という言葉をご存じでしょうか? 困難やストレスに襲われた時に、それを乗り越え、回復していく力を指す心理学の用語です。

たとえば、ボールは一瞬、凹んでも元の形に戻ります。心も同様につらいことや悲しいことがあっても回復していきます。

この元に戻り跳ね返そうとする弾力がレジリエンスです。

傷つきやすい子や大らかな子がいたりと、「心のボール」の弾力は子どもによって違いますが、子どもたちは様々な経験によってボールの弾力を育てていきます。

しかし、環境との相性が悪かったり、誰にも言い出せず気持ちを溜め込んでいると、心のボールは、ゴムがひび割れて固くなったり、穴があいたりして、空気がぬけていきます。

不登校になるというのは、ボールが凹んでしまって自力ではなかなか元の形に戻ることができない状態です。

だからこそ、まずは休ませて、ボールをふくらませてやることが大事です。

一方で、この先も長い子どもの人生を考えると、人間関係や勉強、仕事などで様々な困難と出会うこともあるでしょう。それを乗り越えていくためには、ボールが凹むのを親が先回りして防ぐばかりでなく、**子ども自身の「レジリエンスのボール」の強度や弾力が強くなるように導いてあげることも大切**だと思います。

◎ストレッチゾーンを見極める

不登校の回復期（P61参照）となって、子どもの心のエネルギーが回復してくると、「頑張れ」と言うべきか、無理をさせないほうがいいのか、迷うこともあります。

そんな時に参考になるのが、人事マネジメントなどでよく使われる「コンフォート

図表1　3つのゾーンのイメージ

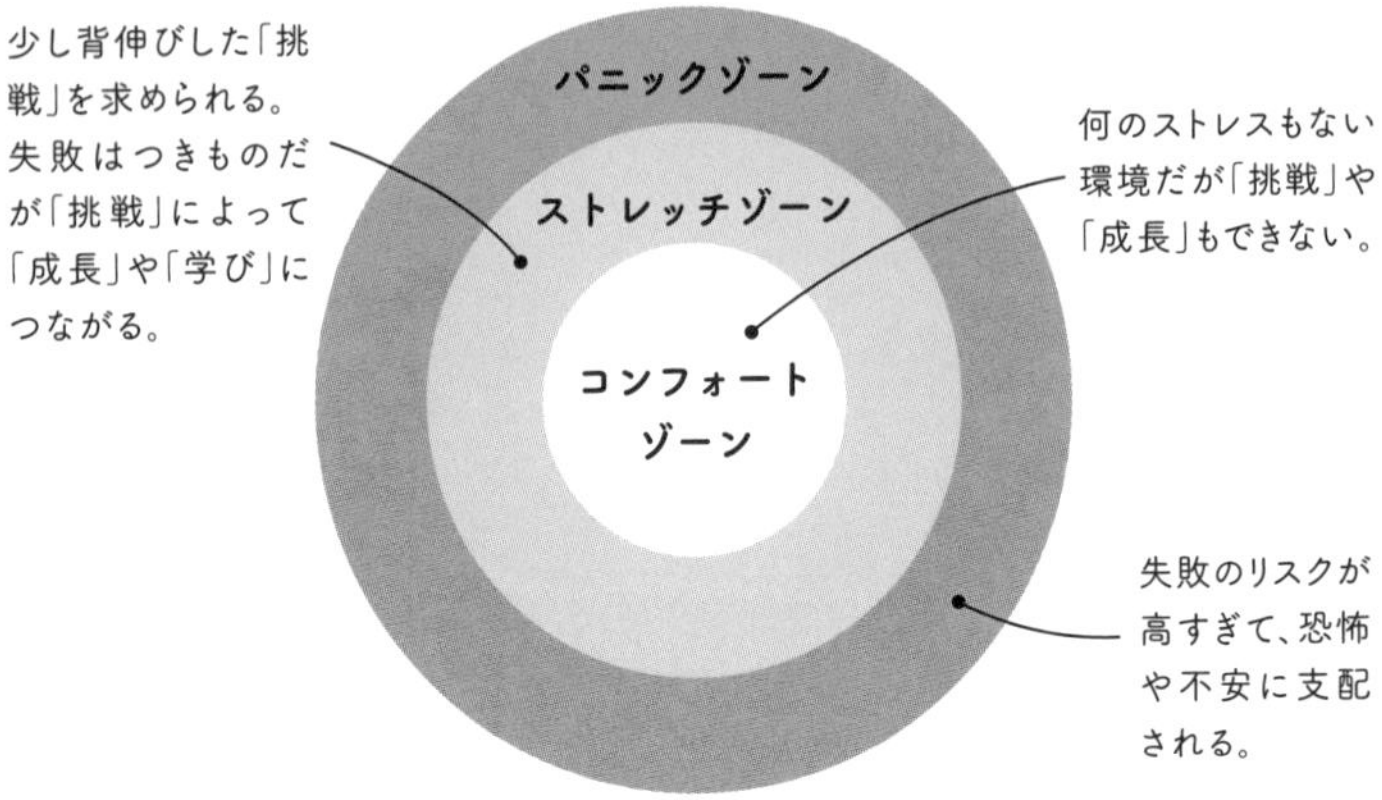
少し背伸びした「挑戦」を求められる。失敗はつきものだが「挑戦」によって「成長」や「学び」につながる。
パニックゾーン
ストレッチゾーン
コンフォートゾーン
何のストレスもない環境だが「挑戦」や「成長」もできない。
失敗のリスクが高すぎて、恐怖や不安に支配される。

ゾーン」「ストレッチゾーン」「パニックゾーン」の考え方（図表1）。

◎パニックゾーンにならないように

子どもの状態をよく見ながら、何のストレスもない状態のコンフォートゾーンから少しの背伸びや挑戦が必要なストレッチゾーンの体験を徐々に促してみる。

するとそれが自信となって子どもの成長につながります。

ただし**それがパニックゾーンになっていないか、注意深く気を配る**ことも非常に大事です。

6. 子どものペースを大切にしよう

心のエネルギーレベルが回復してくるまでの時間は人それぞれです。「あの子は数週間で学校に戻ったのに、うちの子はもう数カ月も……」などと比べることに意味はありません。

また、いったん学校に戻っても、また「行きたくない」という波がくることもありますが、落ち込まなくても大丈夫。

子どもが2回の不登校を経験したあるお母さんは、「1度つらい思いをした子は、立ち直る力がついているから、どん底まで落ちることはないんです。親も1度目で学ぶから、2度目はもう慌てずにすむんですよ」と話してくれました。

人間に備わっているレジリエンスを信じて、お子さんのペースを待ってあげることも大切だと思います。

7. 親こそ心身のケアを

子どもが不登校になった時に、一番大変な思いをするのは、そばで見守っている親です。

悩むのは、子どものサポートのことだけではありませんよね。

家族や友達と考え方が違えば、責められることもあるかもしれません。ケンカになることもあるでしょう。

子どもが家にずっといることや、子どもの送り迎えが必要になることで、これまで通りに仕事に行けなくなることもありえます。職場に居づらくなる可能性もあります。

それなのに、子どものケアでお金も今まで以上にかかると経済的に苦しくなるかもしれません。

◎ 親にも伴走者が必要

カタリバでは、子どもの伴走者とは別に、親自身の伴走者も必要だと考えて、それぞれを別々にサポートしています。

子どもを支えるには、まずあなた自身が元気でいることが大切です。

つらい時や愚痴を言いたい時に、いつでも相談にのってくれる第三者をぜひ、見つけてください。第5章では様々な相談機関も紹介しています。

また、なんとか自分自身の心と体のケアをする時間をつくってください。自分のせいで親が苦しんでいると思うのは子どももつらいもの。親が普段と変わらず楽しそうにしていると子どもも嬉しいのです。

誰より頑張って闘っているのは、あなたです。

思うようにいかないことばかりかもしれません。一生懸命子どもの現在地と向き合っている自分自身をどうか、ほめてあげてください。

第4章

学校や先生との関わり方

欠席連絡は毎日しなくちゃいけない？

担任の先生を信頼できないのだけれど、どうしたら？

子どもの不登校が始まり、親御さんが最初に戸惑うのは

学校や先生との関わり方かもしれません。

子どもが「行きたくない」と言っている場所なのに、

親にとっては最初に相談すべき場所であることから、

板挟みになってしまうこともあるでしょう。

本章では、先生への接し方から、定期テストや出席日数の考え方まで、

お悩み解決へのヒントを、事例とともにご紹介します。

「今日は休みます」の電話をするのがつらい時は？

子どもが学校に行きしぶり始めた時、「毎朝、学校に欠席連絡の電話をかけるのがつらい」という声をよく耳にします。

「学校は毎日行くべき場所だ」という思いが強ければ、電話をするたびに罪悪感に苛まれるでしょうし、そもそも寝ている子どもをいったん起こして「今日は行くの？行かないの？」と確認するのも親子双方にとってストレスがかかりますよね。

◎「行けそうな時に連絡します」でOK

「来られるようになったら連絡してくれればいいですよ」と担任の先生から言ってくれたことで気持ちが楽になったというケースも耳にしますが、先生の立場からはなかなか言い出しにくいかもしれません。

ですから、もし本当に毎日、電話をするのがつらければ、**こちらから「行けそうな時に連絡をする、ということでも構いませんか？」と、先生に相談してみる**のもいいと思います。

その際は、決して電話が面倒なのではなく、「電話をするたびに、親もつらい気持ちになる」ということが伝わるように話すとよいのではないでしょうか。

また、行きしぶりの初期段階では、「子どもが行きたくないと言っている」と正直に言うべきかどうかも悩みますよね。

明白な理由がある時はきちんと相談すべきでしょうが、理由が曖昧なのであれば、最初の数日は「おなかが痛い」など体調不良を理由にしておいて、様子を見るのもいいかもしれません。

少し休めば、元気を取り戻して学校に戻っていくという事例もよくあります。

苦手な先生が熱心に家庭訪問。板挟みで困る時には？

「先生がすごく熱心に子どものことを心配してくれて、頻繁に、電話や家庭訪問をしてくれるのだけれど、その先生のことを子どもが苦手としている」というケースもあります。親御さんとしては、先生の熱意や大変さも分かるだけに、苦しい立場に立たされますよね。

小学校2年生のBちゃんは、大きな声で話しかける担任の先生が苦手で学校へ行きしぶるようになりましたが、先生は良かれと思って、毎日自宅に立ち寄ってくれたそうです。

最初は渋々と顔を出していたBちゃんでしたが、とうとう部屋から出てこなくなってしまいました。

そこで、お母さんが先生に**「何かあったらこちらから連絡しますから、用事がない時は電話や家庭訪問をお休みしてもらえますか？」**とお願いしたところ、Bちゃんは落ち着きを取り戻したそうです。

◎ 親子に笑顔が戻ることを最優先事項に

学校に行きしぶるというのは、心が風邪をひき始めている状況と言えます。咳が出たり、熱が出たり……という身体症状と同じで、子どもがそんな状態でいる時に、嫌がることを無理にさせる必要はありません。

先生がプリントや宿題を届けるという理由で、立ち寄ってくれるケースもあるかもしれません。

プリントを通して学校のことを知る時の複雑な気持ち、届けてもらえない時の置いてきぼりをくらったような気持ち……など、本人の気持ちにゆっくりと耳を傾けた上で、それでも「先生には会いたくない」と言うなら、無理をする必要はありません。

プリントに関しては、親御さんが定期的に学校に取りにいってもいいですし、お願いすれば先生がメールで送ってくださるかもしれません。

熱心に来てくださる先生には、その対応に十分感謝をお伝えした上で、**「今は学校に関係する人やものを思い出したくないようです」**とお伝えすれば、分かってくださる先生も多いのではないかと思います。

まずは本人が安心して休める環境を整えてあげることが、大事です。

周囲の大人が内心、「なんで行けないんだ?」と思っている状態だと、子どもは家の中にいても罪悪感や気まずさに苛まれます。そのような状態では、横になっていても気持ちが休まりませんし、回復までの期間も長くかかってしまいます。

周囲が「時には休むことも大切だよ、休んでもいいんだよ」と心から思うことで、本人も心をゆるめて、安心して休むことができます。

子どもの「学校での様子」は誰に聞けばいいの？

行きしぶりが始まった時、親が理由を知りたいと思って子どもに問い詰めても、あまり意味がないことはすでにお話ししました。

ただ、やはり、親御さんにとって、**学校で何が起こっているのかを分かる範囲で把握することは、子どもの安全を確保する上でも大事**です。そして、情報収集は、今後の対策を考えていく上で、マイナスにはなりません。

本人に聞いてもよく分からない、ということであれば、学校にいる時の様子を知るのが一番かと思います。まずは担任の先生や、学年主任の先生、保健の先生に様子を聞いてみるといいでしょう。

◎スクールカウンセラーを頼る手も

スクールカウンセラーは学校の職員ではなく行政に雇用されて学校に配属されているケースが多いので、先生の「教育的観点」とはまた違った視点で、フラットに話を聞いてくれることもあります（もちろん人間と人間なので相性が合わないこともありますが）。その中で、クラスの様子を見てきてくれたり、先生に助言してくれたりすることもあります。

たとえば小学校5年生のCくんの場合は、スクールカウンセラーがさりげなく教室での様子を見てきてくれたと言います。

チェックしてくれたポイントは、

- **まわりの友達とどのようにコミュニケーションをとっているか。**
- **先生とどんな顔つきで話しているか。**
- **帰りに校門から誰とどのような様子で出てくるか。**

といったことだったそうです。

子どもによっては親に様子を知られたくないこともあります。あらかじめ、スクールカウンセラーと、子どもとの関わり方、お互いに気をつけることなどを相談しておくとよいでしょう。

現在、学校には必ずスクールカウンセラーを配置することになっていますが、学校への出勤日数も滞在時間も、自治体によってまちまちです。不登校傾向にある子どもや、すでに不登校になっている子どもの数も、学校ごとに違います。しかし大体の学校に配属されているスクールカウンセラーは１人のみ。そうなると、お子さんのことだけに使える時間も様々なので、思ったより動いてもらえないということもあると思います。とにかくまずは、確認してみましょう。

いずれにしても、子どもの心を一番に考えて、親御さんと連携プレーをしてくれるような、信頼できる協力者を見つけることが大切です。

担任の先生とうまくいかない時は？

学校と家庭の方針は、必ずしも合うわけではありません。考え方が違ったとしても、子どもが笑顔を取り戻すことを共通の目的として冷静に話し合うことができれば、そこから今後の道筋を探ることもできるでしょう。

でも、先生にそのつもりがなかったとしても、一方的に責められたり、不安をあおられたりするような気持ちになった……というお話を親御さんから聞くことは残念ながら少なくありません。

中学1年生のDくんのお母さんは、担任の先生から「他の子と同じことができないからダメだ」「Dくんの頑張りが足りないのが悪い」などと責められた気持ちになったそうです。そこでDくんの気持ちを説明したところ、「子どもの言うことをすべて信じないでください」と返され、先生を信頼できなくなったと言います。

◎先生は〝先生〟という役割のひとりの人間

大人同士でも相性があるように、先生と子どもの相性にも当たり外れがあります。

また、「ブラック労働」が話題になるくらいに、先生の仕事は多岐にわたって忙しいもの。たまたま疲弊してイライラしていることもあるでしょう。

組織人のひとりとして、自分のクラスで不登校の子どもが出たのは自分の力不足だと過度に責任を感じ、思い悩んでいるかもしれません。

先生は、たまたま〝先生〟という役割を担っているだけであって、ひとりの人間です。決して神聖視する必要はありませんし、逆に何かあっても絶望する必要もありません。

そこを理解した上で、**先生に相談をしに行く時は、「クレームモード」ではなく、「相談モード」でいくのがおすすめ**です。

親御さんが初めて学校に相談をしに行く時は、気づいたら涙がこぼれそうなほど、不安でいっぱいだと思います。こういう時は、いつもより感情的になっているもの。まずは、深呼吸をして、少しでも平常心を取り戻して向かいましょう。

そしておそらく先生のほうも、何か言われるのではないかと身構えているはずです。

そんな時に「学校が嫌だと言っています。思い当たることはありませんか?」と、攻撃的に言うよりも**「学校に行くのを嫌がっていますが、どういう状況なのか知って、なんとか元気を取り戻せるよう支えたいので、一緒に考えていただけませんか」**と言ったほうが、きっと親身になってくれるはず。

「一緒に問題を解決するためのパートナー」になってもらいたいという気持ちを伝えるようにしましょう。

◎ 担任以外に相談することに罪悪感を持たなくてもいい

担任の先生とうまくいかない時には、教務主任、保健の先生、副校長先生など、別の先生に相談しても構いません。

小学校3年生のEくんのお母さんは、担任の先生と分かり合えないと思ったので、学校に電話して「教頭先生とお話ししたいのですが、いらっしゃいますか」と、直接取り次いでもらい、旧知の教頭先生に相談されました。その後、窓口が担任の先生から教頭先生に替わり、事態が好転したそうです。

子どもとよい関係を結んでいた過去の担任の先生や、スクールカウンセラーを頼るのもよいと思います。

学校の中に相談できそうな人が見つからなくても、教育支援センターなど、外部の頼れる公的機関もいろいろあります（第5章を参照）。

一カ所でダメだったからといってあきらめるのではなく、ジタバタしているうちに、どこかから情報が入ったり、味方になってくれる人につながったりすることは多いもの。働いている親御さんには大変だと思いますが、信頼できる仲間を見つけるつもりで動いてみてください。

いじめがありそうな場合は、親はどう動けばよい？

子どもから「いじめられた」という話を聞くと、まるで自分のことのように傷ついたり、頭にきたりしてしまうことがあるかと思います。わが子を守るべく、即座に行動に出たくなってしまうこともあるかもしれません。

でも、**親が感情的に動いて、よい結果につながることは、あまりありません。**

思春期の子どもであれば、親が先生や相手の親に働きかけておおごとにすることで、さらに自分が窮地に追い込まれるのではないかと危惧し、心を閉ざしてしまうこともあります。

実際、親が先生や相手の親と日頃から信頼関係を築いていない場合、突然乗り込んでいくことで、事態が悪化してしまう可能性もあるでしょう。

◎子どもが自分で解決できるか

子ども本人に対しては「いじめの有無」を問い詰めることより、「友達とどんなやりとりをして、その時にどんな気持ちになったのか」を少しずつ言葉にしてもらうことが大切です。

それに対して急いで解決策を示そうと考えず、「話してくれてありがとう」「あなたが悲しかったことは、お母さんも悲しいと思ったよ」など話を聞いたことで感じた共感の感情を伝えながら、友達との関係をどうとらえるのか、時間をかけて一緒に考えていくのはどうでしょうか。

そのトラブルがきっかけで「学校に行きたくない」と言い出した時は、頑張って自分で解決していくエネルギーが残っているのか、いったん学校を休んでその人間関係から離れて過ごすほうがいいのか、本人の様子を見極めながら、**「どちらを選んでも、あなたを応援するから大丈夫だよ」**と伝えてあげましょう。

同時に**「その友達とうまくいかなくても、ここではない別のところには、きっと分かり合える友達は見つかるはず」という大前提も伝えてあげたい**ですね。

◎「深刻な状況」なら介入すべき

いじめについては、第2章でもお伝えしたように、放置していれば大きな問題につながるケースもあり得ますので、慎重に情報を集め、介入すべきタイミングを判断するのが大事です。

起きていることをしっかり把握し、子どもの気持ちを察しながらも、動くべき深刻な状況であると判断したなら、子どもの命を守る覚悟で、介入すべきでしょう。

ただ、ちょっとした人間関係のトラブルであれば、これは大人になってもよくあること。誤解を恐れずに言えば、**親が先回りして解決に走り回ることが、子どもの成長の芽を摘んでしまう可能性もあります**ので、子どもが自分で解決できるように伴走することのほうが大事な時もあります。

第3章で紹介した「レジリエンスのボール」を少しでも強く大きく育てていくことは、自立のための準備です。生きていれば、いろんなことがあります。レジリエンスのボールを「小さな傷つき経験」と「それを乗り越えた経験」の数が、大きく丈夫で弾力性のあるものに育てていくとも言えます。

緊急を要するような悪質ないじめではなく、長期的に見て、心を育てる「傷つき体験」だと思える必要な体験であれば、子ども自身が問題を乗り越えられるよう、家庭での振り返りを中心に、よき伴走者として関わりましょう。

この判断は本当に難しく、私自身も自分の子との関わりに日々反省しきりですが、**大切なのは、子どもたちが歩く道を舗装して、つまずく石ころさえない状況をつくることではなく、子どもが安心してつまずきを乗り越え、体験を学びに変えられる環境をつくること**だと思います。

不登校でも〝出席扱い〟にしてもらえることがある？

お子さんが不登校になった時に、ほとんどの親御さんが心配されるのは「不登校だと出席日数が足りなくて、ゆくゆく高校に進学できないのでは？」ということです。

これについては2019年に文科省から、以下どちらかの条件を満たしていれば学校長の判断で〝出席扱い〟になることが改めて通知されました。

・**学校外で指導を受けていること。**
公共機関でもフリースクールなどの民間施設でもOK。その施設での指導が適切なのかどうか、学校長が判断して許可を出す。

・**自宅でオンライン学習をしていること。**
学校に通えない理由があること、定期的に指導員が訪問するなどして対面での指導も受けていることなどを、学校長がチェックして許可を出す。

ただ、実際のところ、こうした基準が厳密に守られているわけではなく、**ケースバイケースでの判断となることが多い**ようです。もうずっと学校に行けていない小学校6年生のFくんは、学校の門をくぐるだけでも大きなチャレンジ。学校と保護者が相談して、まずは保健室に1時間滞在しプリント学習をすることで遅刻早退扱い、つまり出席にしてもらっているそうです。

◎出席日数ゼロでも行ける高校もある

出席日数が足りなければ、高校に行けないのかというと、そんなことはありません。

受験の際、調査書に「出席日数ゼロ」と記載されてしまうので、全日制の進学校を受験するなら影響が出る可能性はありますが、定時制や通信制など、出席日数を重視しない高校もあります。たとえ、**小中学校での出席日数がゼロだったとしても、様々な進学先がある**ことは、第8章で詳しく説明したいと思います。

不登校中の成績はどうなる？試験だけでも受けたほうがいい？

不登校の中学生を抱える親御さんにとって、中間テストや期末テストの時期は気が重いかもしれません。

実際のところ、**日本の義務教育は、出席せず、定期テストを受けていなくても、在籍さえしていれば原則として卒業できます。**

ただ、中学・高校受験をお考えの場合は、その際の内申点が気になりますよね。テストを受けなければ成績をつけられないので、そういう意味では志望校の合格基準を満たせないなど、選択肢が狭まってしまうことも多いのは事実です。

「だから、定期テストは受けるべき」と言うのは簡単ですが、日頃通っていない学校に出向き、場合によっては会いたくない先生や友達と顔を合わせて試験を受けるというのは、子どもにとってかなり高いハードルであることは想像できます。

テストを受けに行くことがＰ１００で説明した「パニックゾーン」ではなく、「ストレッチゾーン」の範囲内であるように見受けられたら、親が少し背中を押してあげるのもよいでしょう。

でも、難しいようでしたら、無理は禁物です。担任の先生と相談して、保健室など教室以外の場所で受けられるような配慮をお願いするのもひとつの選択肢です。

◎外部の学習機関での取り組みを成績評価に

また、現状ではまだ事例は少ないのですが、**外部の学習機関で取り組んだことを証明する学習レポートを提出することで、頑張りを認め、成績評価をつけてくれるケースもあります。**

たとえば、第6章でご紹介するオンライン上のフリースクール「クラスジャパン小中学園」では、こうした事例を増やすべく尽力しています。学校側から「前例がない」などと断られた場合は、学校と保護者の間に入って、他校での事例などを用いて直接説明することもあるようです。

学校を休んでいるのに外で遊んでいいの？

学校には行けなくても「週末に友達と遊びに行くことは楽しみにしている」という子はいます。また、親御さんから「元気を取り戻せるように、本人の気が向くところへどんどん連れ出している」というお話を聞くこともあります。

個人的にはとても良いことだと思いますが、周囲から「学校に行けないくせに、遊びには行けるなんてずるい！」という声があがることもありますよね。

◎ 〝今、この子に必要〟なら、うしろめたさを持たなくていい

こうした言葉をかけられないように、「学校が終わる時間になるまで、絶対に子どもを外に出さない」「知り合いに会うと困るから、コンビニに行くのも隣県まで車で

連れて行く」などと、人目を忍んで暮らしている親子もいるようです。とりわけ、お互いの目が行き届きやすい地方社会ではありがちかもしれません。

でも**周囲の言葉に振りまわされれば消耗してしまいます。**苦しいかもしれませんが、大事なのは子どもを〝真ん中〟にし、その子の現在地をまっすぐに見て「この子のために、今ここで、何をしてあげられるだろう」とフラットに考えることです。

ちなみに、中学3年生のGさんのお母さんは「みんなが学校に行っている時間に出歩いていて近所の人に会った時は、うしろめたさを持たずこちらから挨拶をしよう」と親子で決めたことで気が楽になったと言います。

「今、この子にとって大事なことは、学校を休んで本人の気が向くところに行くことだ」と親が感じたのであれば、その直感に従うのは大切なことだと思います。少し休みをとって、青春18きっぷで親子で一緒に誰も知り合いのいないところに遠出してみるのもいいかもしれませんね。

先生やお友達にも「今はそういう時期」であると伝えておいてもよいと思います。

公立の小中学校間での転校は可能？

学校や友達とのトラブルで不登校になった場合、「思い切って環境を変えたほうがいいのでは？」と思うこともありますよね。

公立の義務教育は、原則として住民票のある学区域の指定校に通わなければならないという決まりがありますが、保護者が希望し、教育委員会が認めれば、転校することも可能です。**特にいじめを理由とする転校については、柔軟に認めるべきだと文科省も示しています。**

いじめなど明白な理由があり、「他の学校であれば通える」のならば、まずは通っている学校に相談してみましょう。保護者から相談があると、学校から教育委員会に連絡がいき、教育委員会が認めた場合、様々な手続きを経て「指定学校変更通知書」という許可証が保護者のもとに送られてきます。

また、近接した隣の自治体の学校に通えそうな場合は、2つの自治体の教育委員会間で調整をして、引っ越しをしなくても隣の自治体への転校が許されるケースもあります。その場合は、行政に、お困りの状況を相談してみましょう。

ただ、学校も教育委員会も「子どもの希望でいちいち転校を認めていたら、わがままな子になってしまう」などという理由からか、転校を認めない場合が多い、というのが現実運用面での印象。自治体によっても、判断には差があるようです。

◎住民票を移すという手もあるが……

私たちが支援した例では、隣の学区にワンルームマンションを借りてそこに住民票を移したり、隣の学区に住む友人宅に住民票を置かせてもらうという形で、「転居した」という体をつくって転校を実現させた方もいました。

ただし、マンションを借りる場合は、不要な出費が増えますし、住民票と現実の住まいが違うと、通学路の安全や防犯、災害発生時など防災上の問題が生じます。

住民票のみの移転は、慎重に検討したほうがよいと思います。

フリースクールを卒業した場合、義務教育を修了したことになる？

これまで通っていた学校で不登校になり、民間のフリースクールへ移った場合、気になるのは「このまま元の学校に戻らずにフリースクールを卒業して、義務教育を修了したことになるのだろうか？」ということです。

答えはノー。フリースクールについては第5章で詳しく説明しますが、**「学校教育法第一条」で示される要件を満たしていないため、卒業しても義務教育を受けたということにはならない**のです。

◎出席扱いの判断は校長、在籍の最終判断は教育委員会

小学校4年生のHちゃんは毎日元気にフリースクールに通っていますが、Hちゃん

の籍は元の公立小学校にあり、毎日フリースクールに通っているという証明書を学期に1回提出することで、公立小学校の出席認定をもらっています。

この場合はフリースクールを卒業すると、Hちゃんは「義務教育を修了した」と見なされます。在籍校の先生が、積極的にフリースクールの見学をされて、フリースクールスタッフの方と連絡を取り合いながら出席認定を出している学校もあります。

一方で、小学校1年生のIちゃんの親御さんは、Iちゃんの特性を考えて、最初からフリースクールに入学させました。そのことを地域の公立小学校の校長先生に報告すると「不登校というのは、学校で傷ついたことによって登校できなくなるもの。傷ついたという事実がないのにフリースクールへ行くのは、ただの身勝手です」と言われ、その公立小で出席扱いとすることを認められなかったそうです。ところが、同じ立場の人たちと連名で地域の議会に働きかけたところ、学校の判断が変わったとか。

こうしたケースからも分かるように、**出席扱いの判断は校長先生次第。義務教育修了の認定がほしいのであれば、まずは地元の公立校、そして教育委員会に相談**してみてください。昨今は、フリースクールを学校として扱えないのか、という議論も始まっています。そうした社会の変化にも注目していきたいですね。

第5章

大丈夫！
相談機関や
支援施設は
こんなにある！

学校の中で、悩みや問題が解決しないようなら、
他の相談機関や支援施設を頼ってみましょう。
公的な機関も意外にたくさんありますが、
自治体ごとに名称や内容が違うことも多いので
ゼロからひとりで探すのはなかなか大変です。
本章では、主な公的支援機関のご紹介や、その探し方などを
解説しています。
また、民間のフリースクールやオルタナティブスクールの最新事情から、
街の意外な居場所スポットまで、
不登校の親子が頼れる場所を考えてみました。
本書の巻頭には、情報収集に使える、
アドレス一覧もつけていますのでご参考に。

学校内で解決できなかったら、自治体の相談機関へ

子どもが不登校になったら、まずは学校で相談を……とお伝えしましたが、先生やスクールカウンセラーと話し合っても今後の道筋が見えなければ、お住まいの地域の自治体を頼ってみましょう。

とはいえ、自治体には子どもの不登校や心の問題を支援する機関がたくさんあり、どこが適切なのか、ぱっと見ただけで判断するのはなかなか難しいもの。

全国の情報が一本化されたコンシェルジュ的な相談ダイヤルがあればいいのですが、**不登校支援の方法は地方自治体によって異なる**ので、そういった相談ダイヤルは残念ながら存在しないようです。

もし、お住まいの自治体に、不登校の相談機関かつ学びの場として教育委員会が設

置している**「教育支援センター（旧・適応指導教室）」（P149参照）があれば、まずはそちらで相談**してください。

◎自治体ホームページからの探し方

「教育支援センター」が自治体にない、あるいはそこでは、思うような支援が得られないようであれば、まずは、自分が住んでいる市区町村のホームページから、相談窓口を探してみましょう。

自治体内のコンシェルジュ的な「相談ダイヤル」を設置している自治体であれば、「子ども・教育」などとカテゴライズされたページに電話番号が記載されていることがほとんどです。

24時間つながるホットラインが設置されている場合もあるので、まずはチェックしてみましょう。NPOなどで無料相談ダイヤルを設けている場合もあります。

電話口でもっとも適した施設を紹介してもらったら、改めて予約を取って施設を訪ねる、というのが一般的な流れです。

◎教育相談員が常駐する「教育相談センター」

相談ダイヤルを介さず、自分で直接相談窓口に出向いて行くのであれば、頼れるのは**各市区町村にある「教育相談センター（教育センター、教育相談所、教育相談室なども同じ）」**です。

カウンセラーなどの資格をもつ教育相談員が常駐し、保護者の、そして必要に応じては子ども本人の相談に乗ってくれます。

◎「こども家庭センター」も適切な支援先につないでくれる

もうひとつ、**相談窓口として使いやすいのは「こども家庭センター」**です。

教育委員会、家庭や学校以外の居場所、医療機関など、様々な機関と連携していて、相談すれば適切な支援先へとつないでくれます。

児童相談所とも協働しているので、万が一、家庭内暴力などで保護者が困っている場合は、一時保護の対応を検討してくれることも特徴のひとつです。

現時点ですべての自治体に設置されているわけではないのですが、〝設置のための努力義務〟が課されているので、まずは**「お住まいの市区町村名＋こども家庭センター」で検索**してみましょう。

◎様々な支援機関をうまく活用しよう

他にも、子どもの行動や心の問題が気になる場合など、「児童相談所」「保健所」「保健センター」や「精神保健福祉センター」などで相談をすることもできます。

また、お子さんの心身の健康や発達に関する悩みの他、親御さん自身にも心身の不調がみられたり、お子さんのケアに時間を割く必要があって収入が減少してしまったり、家庭内での意見対立に消耗してしまうなど様々な課題が生じることもあります。

そんな場合は、役所の「子ども家庭課（自治体によって名称が異なります）」や「社会福祉協議会」でも、家庭内のトラブルや経済的な問題について相談することができます。

◎ 子どもの話し相手として頼れる「メンタル・フレンド」

親が相談に行く窓口ではありませんが、学校に行けなくなった**子どもがモヤモヤした気持ちを吐き出したり、相談をしたりする相手として「メンタル・フレンド」という制度があります。**

こちらは児童相談所管轄の公共サービスで、「メンタル・フレンド」として活動しているのは、研修を受けた18～30歳のボランティア。

子どもの兄や姉世代の大学生などが派遣され、まさに〝ナナメの関係〟づくりにぴったりです。

子どもの話し相手になってくれるだけでなく、勉強を教えてくれたり、一緒にゲームで遊んでくれたりすることもあるので、子どもが親に対して心を閉ざしてしまっている場合、相談機関を探すかたわらで、こうしたサービスを利用するのもいいかもしれません。お住まいの自治体で検索してみてください。

主な公的相談・支援機関

学校内

先生、保健の先生、スクールカウンセラー

学校外

教育支援センター（旧・適応指導教室）

約7割の自治体に設置されている不登校の子のための、相談機関兼学びの場。

教育相談センター

カウンセラーなどの資格をもつ教育相談員が常駐し、保護者の、そして必要に応じて子ども本人の相談に乗ってくれる。

こども家庭センター

教育委員会、家庭や学校以外の居場所、医療機関など、様々な機関と連携していて、相談すれば適切な支援先へとつないでくれる。

★ほかにも、**保健所、児童相談所、発達障害者支援センター、精神保健福祉センター**などで、相談に乗ってくれるところもある。子どもの話し相手として「**メンタル・フレンド**」という制度も。

★教育や子育てに関する相談全般のコンシェルジュ的機能を果たす「相談ダイヤル」を設置している自治体もある。

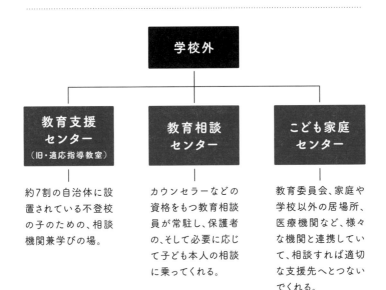

有意義な「相談」にするためには？

支援機関に相談することは非常に大事な第一歩ですが、一方で、「相談に行っても、たらい回しにされた」「相談しても、ただ聞いてくれるだけで具体的な解決には至らない」など、ネガティブな感想を持たれる親御さんも、少なくないように感じます。

その失望は**「相談」に期待するものと提供できるもののミスマッチから起こっている**ように思います。

まず、「相談」に期待すべきものは、

①気持ちを受け止めてもらうこと
②必要に応じた情報提供をしてもらうこと
③悩みを整理してもらい、意思決定をサポートしてもらうこと

の3つです。

◎相談を実りあるものにするコツ

相談を実りあるものにする具体的なコツをいくつか挙げてみましょう。

まずは「自分の気持ちを整理するため」という目的で相談を活用してみましょう。自分の中にある感情を溜め込んだままだと、無意識に、子どもや周囲の人へそのモヤモヤをぶつけてしまう場合もあります。

また問題が積み重なっており、何から手をつけたらいいか分からなければ、その状況自体を相談してみましょう。課題を整理してもらって、何から始めたらいいかのスモールステップを確認できるといいですね。

多くの場合、スモールステップによる日々の積み重ねで徐々に良い変化がみられるものです。時間と労力がかかることを認識しつつ、解決を焦りすぎないようにしましょう。

なお、**相談員は、唯一無二の答えをくれるわけではありません。考え方の材料をもらえるかもしれませんが決めるのは自分です。**対応策を一緒に考えてもらい、最後は自分自身でどうするかを決めましょう。逆に、もし「絶対こうしなさい」と言う相談員がいたら、相談員として経験が浅い方だと思ってもよいのかもしれません。

学校や支援機関に相談しに行く場合に、子どもの特性や現状をシェアして、お願いしたいことを相手に分かりやすく伝えることも重要です。そのために役立つ「学びのサポートシート」とその記入例をP266〜269に掲載いたしました（シートはP267のQRコードからダウンロードできます）。ご自身で書き込んでもよいですし、支援機関の相談員と相談しながら、一緒に書き込んでいくのもひとつの方法です。何に困っているのかを、一緒に整理できるはずですので参考にしてください。

「もっと大変な人もいるかもしれないのに、自分が相談していいのかな」と悩む方がいらっしゃいますが、気軽に相談して大丈夫。

早い段階で第三者に相談することで、スムーズに対応できる困りごともあります。

また、再度困りごとが起きたら、何度でも相談してみてください。

不登校の子の「保護者会」には、経験者ならではの情報や共感が

不登校の子の親御さんが、「すごく気持ちが救われた」と話されることが多いのが、不登校の子を持つ親が集まる「保護者会」です。支援機関やフリースクールが保護者の交流会を設置していることもありますし、ウェブサイトもあります（P144参照）。

同じような悩みをもつ保護者には、気兼ねなく本音を話せますし**「あるある！」**と**共感しあえるだけで気持ちが軽くなる**かもしれません。

先輩ママやパパの話を聞けば、自分の現在地が俯瞰して見えて、前に進む勇気が湧いてくるでしょう。

また、**リアルな利用者目線での口コミ情報が集まる**ので、情報収集もできますね。

ただ、気をつけたいのは、何かの勧誘や営業など、別の目的をもった人が近づいてくる場合もまれにあるということ。そういうリスクを知っておくことは大事です。

不登校の子の保護者会の例

不登校の親の会

当事者が集まって情報交換をしたり、お互いの話を聞いたりするピアサポートの場です。日本全国で当事者が運営しているので、「お住まいの地域名＋不登校の親の会」で検索してみましょう。

不登校の道案内サイト『未来地図』 https://miraitizu.com/

先輩ママたちが運営するサイト。不登校をめぐる基礎知識から最新情報、実際の体験談、今苦しい思いをしている保護者へのメッセージまでが網羅されています。ここから全国の「親の会」の情報を調べることもできます。

「登校拒否・不登校を考える全国ネットワーク」 https://futoko-net.org/

全国各地にある不登校・登校拒否について考える親や市民の会・子どもの居場所をつくっている団体などが交流する団体です。ホームページで、全国の親の会を探すことができます。

NPOカタリバのLINE相談チャット・オンライン保護者会

NPOカタリバでも、LINEでの保護者向け相談チャットをたくさんの親御さんに使っていただいています。お話をしながら、皆さんのまわりの相談機関を一緒に探したりもします。

オンライン上の保護者会も定期的に開催し、昼夜逆転、ゲーム依存、進路や受験、発達障がい……など、気になるテーマについて気兼ねなく語り合っています。

「身近なところに安心して話せる場がなかった」「同じ悩みを抱える親と初めて会った」という声も多く、たくさんの親御さんにとって大切な居場所になっています（URLは巻頭の表に）。

気持ちを整理したい時には「カウンセリング」もひとつの手

子どもが「学校に行きたくない」と言い出したその日から、親も不安や焦り、罪悪感などで気持ちがふさいでしまいがちです。子どものための支援機関や居場所を探すだけでなく、どうか、保護者であるあなた自身も安心して気持ちを吐き出せる場所を見つけてください。

とはいえ、日本人の私たちはあまりカウンセリングを受ける習慣がありませんよね。周囲の目が気になる方もいるかもしれませんし、高額なイメージがあるために経済的な事情から敬遠する方も多いことでしょう。

カウンセリングを受ける目的や理由は人それぞれかと思いますが、**専門的なトレーニングを受けた対人援助職と対話をしたり、秘密が守られた場で安心して気持ちを表現したりするだけでも、自分自身を整えることができます。**

コロナ禍の影響もあり、昨今はオンラインカウンセリングサービスも増え、誰もが気軽にカウンセリングにアクセスできるようになってきました。ただその分、どのように探せばよいのか、より一層悩ましくなったのかもしれません。

ここでは、カウンセラーの探し方についてお伝えします。ぜひ、無理なく通い続けられるカウンセリングサービスと出会って、重たい荷物を少しだけでもおろしていただけたら、と思います。

◎ カウンセリングサービスの選び方

ウェブサイトなどでカウンセリングサービスを探す時は、**以下の条件を確認することをおすすめします。**

・所在地や診療時間が無理なく通い続けられるものか？
・カウンセラーの年齢や性別が希望に合っているか？
・カウンセラーの得意分野（教育系、医療系、児童福祉系など）が自分の悩みと一致しているか？

・家族、またはきょうだいでのカウンセリングが可能かどうか？
・料金設定は、無理なく続けられる範囲内か？（一般的には1時間5000円〜1万円。キャンセル料の有無なども要確認）

心理職養成課程のカリキュラムが整備されている大学院併設の心理教育相談室（名称は大学によって異なる）も利用可能です。カウンセリングは一般的に資格をもった大学教員の指導の下で大学院生が担当するので、思春期のお子さんが通う場合にも比較的年齢が近く、関係がつくりやすいというメリットがあります。

また、本章でご紹介した公的な支援機関や病院にもカウンセラーが在籍しているケースがあるので、まずはそのような機関を頼り、解決できなければ民間のカウンセリングサービスを探す、という順序でもいいでしょう。

民間カウンセリングを選ぶ時の注意点

カウンセリングサービスのウェブサイトはここをチェック

近年増えてきたオンラインカウンセリング機関と、従来の対面カウンセリング機関ではウェブサイトの作り方がかなり違っていることもあるので、一概には言えませんが、料金体系やFAQが詳細にわたって記載されていて、在籍カウンセラーの資格・経歴・専門性・得意なアプローチについて明記されていることは、機関や担当者を選ぶ際の重要な情報になります。

また、過剰に効果をうたったり、最新技術をアピールしている場合は、同様の問題に取り組む専門家集団（職能団体や学術会議）が打ち出している標準的なアプローチと、そのアプローチとを比較してみることをおすすめします。

なお、カウンセラーを探す際には日本臨床心理士会が運営する「臨床心理士に出会うには」というサイトも役に立ちます。http://www.jsccp.jp/near/

「料金」に振りまわされないことも大切

カウンセリングを継続的に利用するならば、料金の問題はとても大事な要素のひとつです。大学の心理教育相談室は市中の相談機関に比べるとリーズナブルな料金設定であることが多いので、通える範囲にあるか探してみるとよいでしょう。また、機関によっては、低所得者割引、きょうだい／親子割引などが設定されている場合もあります。

一方で、「料金が高いほうが、効果が高いのでは？」と考えてしまうのは無理もありませんが、あくまで個人的な見解ながら、カウンセリングの料金と効果は実際には関係がないと思います。むしろ、問題とアプローチの組み合わせ、担当者との相性、面接頻度などのほうが面接経過への影響は大きいでしょう。

普段は冷静で思慮深い人でも、深刻な状況に追い込まれて、焦っていたり、余裕がなかったりすると、分かりやすい基準で選んでしまうこともあるかもしれません。まずはp146～147に書かれている条件をじっくり考慮して、カウンセラーを探してみてください。

カタリバ・アドバイザー　成田慶一（Ph.D.／臨床心理士／公認心理師）

不登校児の学びを支え、居場所となる公的機関は？

ここからは、相談だけでなく、実際の不登校児の学びを支えてくれたり、居場所となってくれる支援機関を中心にご紹介していきます。

章の冒頭でも説明しましたが、**不登校の子の支援機関として、自治体の教育委員会が設置しているのが「教育支援センター（旧・適応指導教室）」**です。

私たちが雲南市から委託を受け運営している「おんせんキャンパス」もこの教育支援センターにあたります。

不登校の子の学びを支える場所といえば、民間のフリースクールを思い浮かべる方も多いですが、**教育支援センターは公的機関なので、費用も基本的にはかかりませんし、もともと通っていた学校との連携もとりやすい**と思います。

ただし、まだ設置されていない自治体もあります。まずはお住まいの地域にあるか調べ、ない場合、隣の地域にないか調べてみましょう。お隣で受け入れてくれたというケースもあるそうです。

◎「教育支援センター」でやってくれること

教育支援センターでは、教員免許をもっているスタッフや、臨床心理士、社会福祉士などが力を合わせて、子どもたちに伴走しています。

1日の流れは大まかに決まっていることがほとんどですが、授業は個別指導で、一人ひとりが自分に合ったペースで学びます。

勉強だけでなく、体を動かしたり、アートや自然体験を楽しんだり……と、プログラムが多彩なのも特徴のひとつ。

教育支援センターが、何をどこまでやってくれるのかは、正直、施設による差が大きいのですが、子ども本人に対してだけでなく、保護者に対するカウンセリングを行ったり、保護者同士の集まりを開催したりしている施設もあります。

教育支援センターに毎日通うことになっても、籍はもともと通っていた学校に置かれたままです。最終的には校長先生の判断になりますが、教育支援センターに通っていれば、在籍している学校で〝出席扱い〟になることがほとんどなので、後々の進学などを考えている場合は、安心ですね。

残念なのは、**こうした教育支援センターが全国の自治体の約63％にしか設置されていない**ことですが（2019年文科省調査）、2017年に施行された「教育機会確保法」によって、学校以外の学びの場を充実させようという流れが広がりつつあるので、今後増えることが期待できそうです。

さらに、全国で設置が進んでいる「夜間中学」を、現役中学生までの不登校の子どもも学べるようにしようという動きがあります。

夜間中学といえば、若い頃に教育を受ける機会のなかった高齢者や、日本語が不自由な外国人が通っているイメージですが、中学校を卒業したが、もう一度中学校で学び直したいという不登校経験がある10代の若者も増えています。多様な人がいる環境だからこそ、居場所を見つけられる子もいるでしょう。新たな学びの場になることを期待したいですね。

フリースクール、オルタナティブスクールは百花繚乱

不登校の子や〝普通の学校〟に入学することを選ばなかった子どもたちが通う「フリースクール」は、1980年代から存在していました。

NPO法人運営の「東京賢治シュタイナー学校」などは、いわゆる〝老舗〟として知名度も高いので、ご存じの方も多いかもしれません。

ただ、現在、法律で、「正式な学校」として認められているのは、学校教育法第一条で規定されている学校（「一条校」と呼びます）だけです。最近は、フリースクールをこの「一条校」と同等扱いにしよう、という声も多々あがっていますが、今のところは認められていません。従って、**フリースクールに通う場合は、もともと通っていた学校に籍を置き、校長先生の判断で〝出席認定〟をもらう、という形**になります。

フリースクールにかかる費用は、文科省の調査では、〝平均で〟月約3万3000円となっていますが、教育内容も料金も、特に基準が決められているわけではないので、本当に様々です。子ども自身に合う合わないもありますので、慎重に見極める必要があると思います。

◎増加傾向にある「オルタナティブスクール」

「多様性を大切にしよう」といううねりが世界的に大きくなってきた昨今、受験を第一目的にする画一的な教育から距離を置き、子どもたちのオリジナリティやクリエイティビティを大切にしながら、不確実な社会を生きていく力を身につけよう、というビジョンを掲げる新たなフリースクールが続々と誕生しています。

こうしたスクールは、**不登校支援を主な目的としていた従来の「フリースクール」とは一線を画しており、〝これまでの学校に代わる学校〟という意味で「オルタナティブスクール」と自称していることが多い**ようです。

保護者の価値観も多様化し、最初からオルタナティブスクールを選んで入学させるケースも少しずつ出てきています。

不登校児童・生徒の増加に対して、**公的な不登校支援政策が不足する中、一部の自治体では、フリースクール等に通う家庭に対して経済支援を行う動き**も出てきました。

2022年、東京都では総予算1億円を確保し、フリースクール等を利用している家庭へ調査協力を呼びかけ、実態調査に協力すれば月1万円程度、年間最大12万円を支払うという事業に取り組みました。

フリースクールには、縛りがないからこそ、公教育では成しえないことができるわけですが、同時に、その質や安全管理、スタッフの育成方法や教育内容も様々。

親御さんとしては、子どもを預けるわけですから、実態が見えないのは不安ですよね。最低限、子どもを預かる場所としてすべきことがなされているのかを、行政として把握してもらうのは、価値あることだと思います。

参考までに、特徴的な教育をしているフリースクールやオルタナティブスクールの一例を、次のページから挙げておきます。

老舗から“オルタナティブ”まで。特徴的なフリースクール

東京賢治シュタイナー学校
https://www.tokyokenji-steiner.jp

所在地：東京都立川市　対象年齢：幼児〜18歳
ドイツ発祥のシュタイナー教育に宮沢賢治の精神性を融合させた一貫教育を実践。その学年、その年齢にふさわしい授業カリキュラムを学び、知的能力だけでなく、体験を通した授業や手足を動かした芸術作業にも重点を置いて取り組んでいる。頭と手足を使って生き生きと活動する中で、豊かな心と思考力を育み、自分の能力を発展させていける人間形成を目指している。0歳から2歳児対象の企業主導型保育施設も併設。

東京コミュニティスクール（TCS）　http://tokyocs.org/

所在地：東京都中野区　対象年齢：3歳〜12歳
初等部は1学年9名までというマイクロスクール。正解のない人生において、常識にとらわれずに解決策を考えたり、未知の問題を創造的に解決したりすることを楽しむ人を目指す。学習指導要領にとらわれない独自のカリキュラムに従って、「実体験に基づく探究」や「テクノロジーを活用した学習の個別化」を追究。学校から外へ出て大人たちと話したり、登山やキャンプを楽しんだりする機会も多い。既存の教育に違和感を覚えて入学を決めた保護者が多いことも特徴のひとつ。

滝野川高等学院　https://takinogawa.club

所在地：東京都北区　対象年齢：小学生〜大学生

フリースクール兼通信制サポート校として、2019年に開校。学校でもなく家でもない第3の場所（サードプレイス）としての生涯学習施設のような形で、子どもたちは交流したり目的にあわせた勉強をしたりしている。所属する学校の授業進度にあわせたサポートも行い、フリースクールに通った日数が学校の出席扱いとなるよう、学校との連携にも力を入れている。

花まるエレメンタリースクール　https://hanamaru-eshool.jp

所在地：東京都武蔵野市　対象年齢：小学生

花まる学習会30年の気づきをもとに立ち上げた、子どもたちを“メシが食える大人”に育てるためのオルタナティブスクール。不登校かどうかにかかわらず、子どもたちにとって安心できる居場所となり、才能と可能性を伸ばすことを目指す。重視するのは「自分で決めること」「みんなで話し合うこと」「子どもたちが自ら考えることをアシストすること」。学習する教科は学校と同じ9教科に加え、プロジェクトベースドラーニングとディベートを取り入れている。開校は週4日、9時〜14時ごろ。

フリースペースえん　https://www.tamariba.org/en

所在地：神奈川県川崎市　対象年齢：小学1年生〜何歳でも可

川崎市とNPO法人フリースペースたまりばの協働による、公設民営の子どもの居場所。川崎市子ども夢パーク内にあり、学校に居場所を見いだせない子ども・若者が安心して過ごせるよう工夫されている。決まったカリキュラムはなく、やりたいことがあれば仲間を募って一緒にやるなど、何時に来てどのように過ごすかは自分で決める。

さまざまな講座やイベントも用意されており、多様な大人と出会う機会もある。それぞれのペースでゆったり過ごしながら、自分のありのままでいられる場作りを大切にしている。

スマイルファクトリー　https://www.npotoybox.jp/toybox/activity-area/ikeda/smile-factory.html

所在地：大阪府池田市　対象年齢：小学生、中学生
NPO法人トイボックスが運営する、全国でも珍しい公設民営のフリースクール。2003年に開設され、教育委員会、学校、地域と連携しながら不登校の子ども達をサポート。いじめ、ひきこもり、非行など様々な経験を持つ子ども達を受け入れており、相談、スクーリング（在籍校での出席日数として認定される）、学習サポート、家庭訪問に力を入れる。学年の垣根を取り払い、異年齢の子どもたちがコミュニケーションをとる機会も。

志塾フリースクール　https://shijuku-fs.or.jp

対応エリア：北海道、近畿、中国、四国、九州、沖縄
対象年齢：小学生～高校生
1997年に大阪に1校目を開校し、日本各地に教室を展開。不登校やいじめなど、学校生活や日常における様々な悩みのある子どもたちをサポートし、自立へとつなげている。専属キャリアカウンセラーを置いて受験指導や就職指導にも強みを持ち、定時制や通信制の高校に通いながら、在籍している子どもたちも多くいる。

星槎フリースクール　https://seisa.ed.jp/freeschool/

所在地：全国　対象年齢：小学生～高校生（施設による）
北海道から沖縄まで、日本各地でフリースクールを展開。多くは通信制高校・大学の学習センターが併設され、学年横断的な活動や、全国校舎や、海外との交流が行われる。個別指導計画を利用し、学校が児童生徒に合わせること、人との関わり合いを通した学びを大切にしている。同グループの大学大学院・教育研究所と連携し、教職員は定期的に教育・心理に関する研修を受けており、教育・医療・福祉の領域から児童生徒が安心できる環境づくりを目指す。

街の中にもある、不登校の子の「居場所」

〝不登校児童・生徒のための支援機関・施設〟を名乗っていなくても、日常生活の中で、気軽に相談できる人や、現実的な子どもの居場所となってくれる場所は、街の中にも意外に存在します。

子どもや親にとっての「居場所」になったり、信頼できる相談相手に出会える可能性のある、様々な街の中の「場」を考えてみました。

◎ まちづくり関係のＮＰＯ、子ども食堂のスタッフなどが集まる場所

昨今、比較的若い世代の中に、シャッター通りと化した商店街を再生させて街を盛り上げようとしている人たちや、空き家や古民家をリノベーションして親子が集える

コミュニティスペースをつくろうとしている人たちが増えています。

こうした人たちの中には地域のこと、子どもたちのことを真摯に考えている人が多く、子ども食堂を運営するメンバーがつながっていることも多々あります。

不登校のことを保護者目線で一緒に考えてくれたり、「居場所がない時は、ここで一緒にゲームしようよ」などと子どもに声をかけてくれたりする人が見つかるかもしれません。

まずは、親の目から見て安心できる人たちなのかどうかを確かめる意味でも、こうした動きが身の回りにあれば、ちょっと顔を出してみることをおすすめします。

◎ プレーパーク

行政からの委託を受けた団体やＮＰＯ法人などが運営し、近隣のボランティアによって支えられている「プレーパーク」も、親子が安心してのびのびと過ごせる場所のひとつ。

ここでは「危ないから」という理由で何かを前もって禁止するのではなく、どうしたら安全に楽しめるのかを大人と一緒に考えながら、焚き火をしたり、落ち葉や泥んこの中に飛び込んだり、廃材で遊具をつくったり……と自分たちで遊びをつくり出していきます。

小さな子が集まっているイメージがあるかもしれませんが、中高生の居場所として機能しているプレーパークもあるので、お住まいの地域のプレーパークを一度検索してみるとよいと思います。

子どもに伴走する大人が集まる場でもあるので、理解のある人とつながれるかもしれません。

◎地域密着の学習教室や習い事

小さな街でも公文や学研、そろばんやピアノなど、地域の方々が自宅を開放して立ち上げている教室があったりします。週1回以上のペースで通えるところも多いので、**もし子どもと先生の相性が良ければ「親以外の人にルーティンのサイクルで会う」貴重な場**になるかもしれません。

また、こうした先生は子育て経験のある人が多く、親にとっても、心強い友人になってくれる可能性もあります。

◎ 美術館・科学館・図書館も

不登校のお子さん2人を育てている親御さんは「平日昼間の美術館はほとんど人がいないし、公立美術館だと小学生は無料のところも多いから狙い目！　科学館は体験モノが多くておすすめ」とおっしゃっていました。様々なボランティアが説明をしてくれたり、平日は手が空いているスタッフも多いので、子どもに話しかけてくれる人も多いとのこと。

また、図書館も理解のあるところが多いそう。平日の学校のある時間に子どもがひとりでいても、司書の方は分かってくださる方が多かったそうです。

子どもにとっての安心・安全な、街中の居場所が見つかるといいですね。

不登校解決へのケーススタディ

1

Jくん（20歳）
小学5年から中学3年まで
不登校

家庭内でトラブル勃発！母子で家を飛び出し、新たな環境で再出発。2人で笑顔を取り戻す。

Jくんは、両親と父方の祖父母という5人家族。祖母が過干渉な上に、強い発言力をもつタイプだったことが、家族全体に大きな影響を及ぼしていたのではないか、とお母さんは考えています。

「私が仕事をしていたので、よく祖母に息子の面倒を見てもらっていたのですが、何でも先回りして手を出すばかりか、本人が頑張ったことを否定することもよくありました。そういう環境で育ったせいなのか、もともとの性格なのか、息子は人とうまくやっていけなくて。小学校に入ると、いじめられるようになってしまいました」

小学校では担任の先生と相性が合わず、5年生で不登校に。学校から相談先を紹介してもらえるようなこともなく、本人を交えた話し合いの場では、校長先生から「ほかの子はみんな頑張っている。Jくんは頑張りが足りない」と言われる始末。お母さんは、途方に暮れるしかありませんでした。

「当時は、祖母から『あの子の不登校はあなたのせい』とか『よそのお母さんはもっとちゃんとやっている』なんていうことを言われてばかり。それを夫に訴えても『お前が我慢すれば済むことだろう』と言われてしまって。一度、我慢できなくなって、プチ家出をしたこともありました。行くところもなくて、誰もいない実家で少しぼーっとして、家に帰るしかなかったのですが……」

「いい母親」として我慢するのをやめた

Jくんは中学に入学してもいじめにあったり、先生から理不尽な扱いを受けたりすることが続き、とうとう完全に不登校に。昼夜逆転し、夜中にオンラインゲームに興じていた時期が、お母さんにとっては一番心配だったと言います。

そんなある日、大変なことが起こりました。

「誰もいない時に祖母がみんなの部屋を物色している、という疑念が前々からあったのですが、息子が自分の部屋にこっそり仕掛けておいたカメラに、部屋をあさる姿が写っていたのです。彼がかわいがっている猫に悪態をつく様子も写っていました。それで息子が『信用できない人とはこれ以上一緒に暮らせない！』と激怒して、祖母と大ゲンカに。私と息子は家を飛び出して、私の実家で暮らすことになりました」

祖母を変えることはできない。かといって、このまま我慢を続けることがJくんにとって良いことだとも思えない……。八方ふさがりに見える中で、唯一の突破口が家を出ることでした。

「これまでは『嫁たるものが！』と叱られるので、私自身も、趣味のスポーツとか、職場の飲み会とか、すべて我慢していたんです。でも、家を出て、そんな楽しみもひとつひとつ取り戻していきました。祖母から離れたことで〝良い母親像〟に縛られる

 こともなくなったし、自分の考えだけで息子と向き合えるようになったこともよかったですね。その結果、お互いに自分の気持ちを尊重できるようになりました。家を出た後、『お母さん、よく笑うようになったね』って言われたんですよ」

ここしかない、と思った「おんせんキャンパス」

2人が「おんせんキャンパス」と出会ったのは、家を出る少し前でした。Jくんより先に、お母さんのほうが「ここは信頼できる場所だ」と確信したのだそうです。

「最初に私が行った時、施設長の池田さんが玄関で待っていてくれたのを覚えています。半日くらいずっと喋り続けましたね。何を話しても否定せずに聞いてくれて、もう、ここしかない、と思いました」

施設長の池田隆史がはじめて家庭訪問をした時、Jくんは部屋に鍵をかけて出てきませんでしたが、彼は何度も通い続けました。

「息子は大人の男性を信頼していなかったんですよね。でも、池田さんは息子のことを絶対に否定せずに、いいところを見つけようとしてくれました。学校でも家でも否定されてばかりの子だったから、池田さんの関わり方を見ていて、母として本当に救われた思いでしたね」

Jくんは祖母と離れ、「おんせんキャンパス」と出会い、少しずつ落ち着きを取り戻して、高校に進学しました。

「息子がこうなったのは私のせいだ、という思いはずっとありました。姑と暮らしていた頃は、私自身が口を出されたくないばかりに、息子にも『ちゃんとやらんと、またばあちゃんたちに怒られるけん』という言い方ばかりしていたんです。自分を守るためだったんでしょうね。ものすごく大きな勇気がいったけれど、家を出て本当によかったと思っています」

笑って話せる日がくるなんて!

今、Jくんは、地元を離れて動物関係の専門学校に通っています。「好きなことを見つけてほしい」というのは、お母さんが願い続けてきたことでした。

「何かで自信を持たせたい、という気持ちは息子が小中学生の頃からずっとありました。それで、プラモデルをつくらせてみたり、絵を描かせてみたり、楽器を触らせてみたり。祖母に『なんで学校に行かない子を遊びに連れて行くんだ！』って文句を言われながらも、仕事が休みのたびに面白そうなものを求めて、あちこちに連れ出していました。いろいろなものに触れたからこそ、今、好きなことを仕事にしようとしているのだと思います」

お母さんは、今「おんせんキャンパス」で不登校のお子さんを抱える保護者のサポート活動をしています。

「こうして笑って話せる日がくるなんて、信じられませんでしたね。今、苦しい思いをされている方にお伝えしたいのは、『今は大変だけれど、きっとなんとかなりますよ』ということです。そうそう、息子は最近、発達障がいのある子どもたちを支える施設でアルバイトを始めたそうです。この前会ったら、『あの頃、池田さんたちは大変だっただろうなあ』って笑っていましたよ（笑）」

第6章

「オンライン」という新しい解決法

近年、不登校支援策の中で注目を集めているものに、
オンライン上のフリースクールやＡＩ教材があります。
カタリバでも、２０２１年に、
不登校支援のためのメタバース上の居場所「room-K」を
立ち上げ、大きな手応えを感じています。
この章では、カタリバの「room-K」の取り組みを紹介するとともに、
その試行錯誤の中で見えてきた、
オンラインツールを有意義に使うためのＴＩＰＳや、
様々なオンラインスクールやＡＩ教材などの例をご紹介します。

オンラインによる支援でつながれる子が増えた！

新型コロナウイルスの流行が拡大する直前の2019年12月、国は**「児童生徒に1人1台のPCやタブレット端末を配布して、高速大容量の通信ネットワークを整備する」**という「GIGAスクール構想」を発表しました。

これはコロナ禍による休校対策でも、不登校増加対策でもなく、一人ひとりに合わせた学び、創造性を育むための学びの可能性を広げていくために始まったものです。

もともと4年がかりで整備しようという計画だったのですが、コロナ禍による一斉休校という未曾有の事態に直面して、急遽1年という短期間で進められました。

すべての子どもたちの手元にPCが届くというのは、これまで先生がチョーク&トークで一斉授業をし、すべての子どもたちが同じ教科書とノートを使って学ぶしかなかった教育現場にとって画期的なことだと思います。

◎ オンラインでしか支援できないケースも

私たちカタリバでは、オンラインで子どもたちとつながる必要性を以前から感じていました。

たとえば、地方で不登校になると、支援機関の絶対数が少ないために、最寄りの施設まで車で数時間かけて送迎しなければならないことがあります。

住んでいる地域にかかわらず、本人が家から出たがらなかったり、特に起立性調節障がいのお子さんだと、支援機関が開いている時間に行けなかったりするケースもあるでしょう。きっと、たくさんの親子がつらい思いをしてきたことと思います。

コロナによる一斉休校や「GIGAスクール構想」と並行し、オンライン上のフリースクールやAI学習ツールもかなり増えてきました。カタリバでも「room-K」という不登校児のメタバース（仮想空間）上の居場所を立ち上げ、支援を始めています。

オンラインによる支援は、まだ始まったばかりではありますが、まさにこれからの新しい不登校支援のひとつの形になっていくと思います。

メタバース登校ができる？カタリバが立ち上げた「room-K」

「はじめに」でもお伝えしましたが、2021年に私たちカタリバは、経済産業省「未来の教室」実証事業の一環として小・中学生を対象にしたメタバース上の居場所「room-K」を立ち上げました。あなたが今いるどんな場所からも扉は開ける、という思いを込めて「room」とカタリバの「K」で「room-K」です。〝メタバース教育支援センター〟といったイメージでしょうか。

ここに入ってきた子どもたちが面白がるのは、**自由にゆったり過ごせて、自分らしく学べるメタバース空間。**アバター（似顔絵のキャラクター）になって参加し、同じくアバターの姿をした先生や友達と一緒に遊んだり、おしゃべりをしたりして過ごすことができます。他の人のアバターに近づくと、お互いのカメラが立ち上がり、顔が表示されて話せますし、顔を見せたくなければカメラを切っておくこともできます。

「room-K」のメタバース空間

子どもはアバターとして
様々な教室内を動き回れる

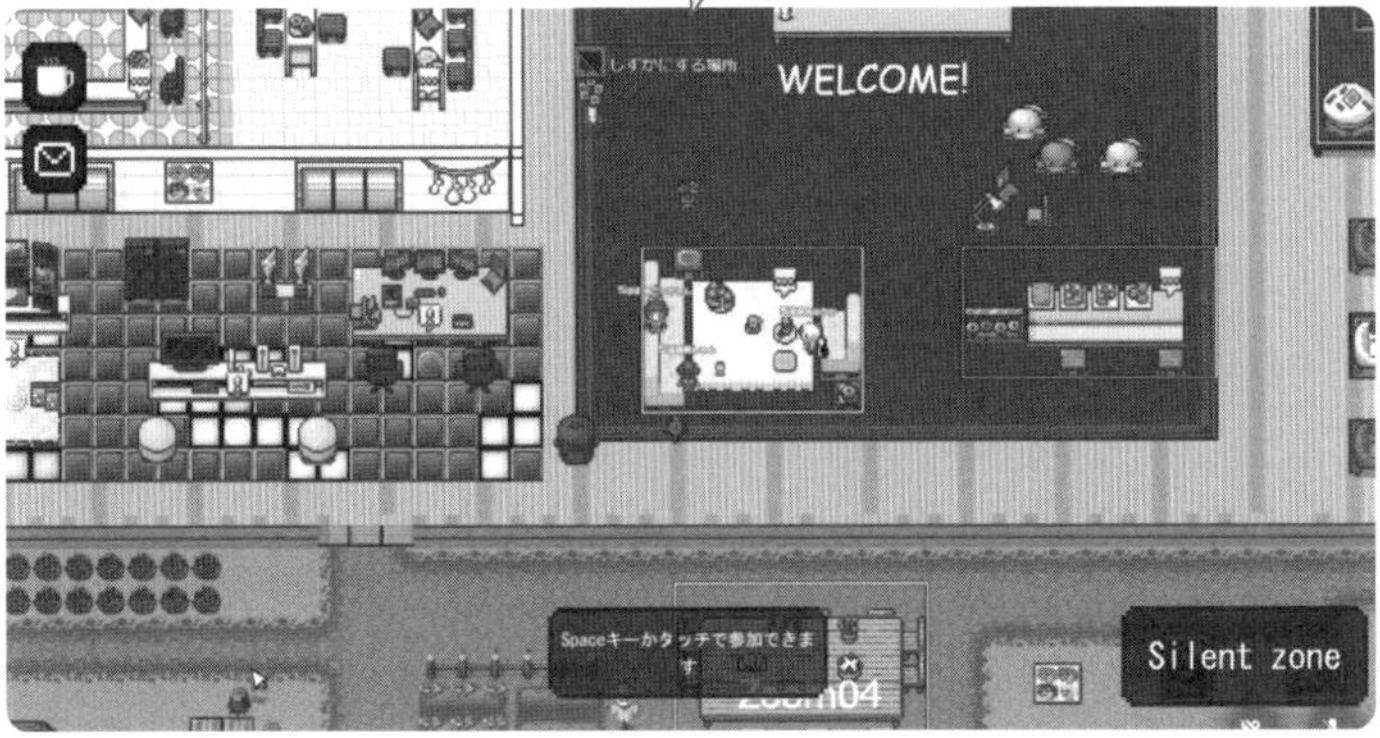

先生たちのアバターをクリックすると、
リアルな支援者たちにオンラインでつながる

現在、数学探究の「math channel」社、探究型プログラミング教育の「アルスクール」社、研究者によるサイエンス探究の「NEST EdLAB」社、学習支援のNPO法人「ROJE」など、高度な専門性を持つパートナーと一緒に多様な学びのプログラムを開発、提供するとともに、多くの小中学校で使われているAIドリルなども無償で提供しています（2022年現在）。

こうした〝メタバース登校〟は、埼玉県戸田市や広島県などの自治体でも、学びの選択肢のひとつとして認められ、学校長が認めれば出席扱いにもなります。

◎個別支援計画と学習計画で子どもをフォロー

「room-K」ならではの特徴は、個別支援計画を立てるコーディネーターと、子どもに寄り添うメンターが家庭ごとに配置されることです。支援計画コーディネーターとメンターが連携しながら本人に合わせた個別支援計画やオリジナルの時間割（マイプラン）を作成します。個別支援計画は、子どものタイプに合わせて主に、次のような4パターンの伴走プランがあります。

「room-K」のオンライン支援の伴走プラン

❶ じっくり伴走型

対象：集団の中で人と関わることが苦手なタイプなど。

目標：メンターと1対1で話す時間をベースにしながら、自分なりのチャレンジを見つけること。

実際の変化例：家族以外との関わり、大人以外との関わりが苦手だった子たちが、少しずつ人との関わりを取り戻した。学習習慣がつき始めたケースもあり。

❷ 居場所型

対象：学校や塾、フリースクールなどと併用しているタイプなど。

目標：好きなことや興味のあることを中心に学びを深めること。

実際の変化例：異学年が集まって"推し"を語り合うチャットを立ち上げた子たち、「マイクラ（マインクラフト）クラブ」を立ち上げて、宣伝係や時間管理係などの役割分担を決めて運営する子たちが出てきた。

❸ 学習サポート型

対象：勉強に苦手意識を持っているタイプなど。

目標：メンターと一緒に学習習慣を身につけることや、集団プログラムに参加すること。

実際の変化例：毎日メンターと学習したり、勉強の目標やスケジュールを立てられるようになってきた。

❹ 自律学習型

対象：自分のペースで学習したいタイプなど。

目標：主体的に目標を設定しながら学習習慣をつけること。

実際の変化例：オリジナル時間割をつくって、毎日「room-K」で学習するようになった子もいる。

◎ 出席認定取得から親のメンタルケアまで、きめ細かに対応

リアルに通学するフリースクールにせよ、こうしたオンライン上の居場所にせよ、気になるのは「ここに通うことで、在籍校で出席扱いにしてもらえるのか？」ということではないでしょうか。

「room-K」は在籍校とも連携するので、学校長判断ではありますが、出席認定を取っているケースがすでにあります。

たとえば「午前中はroom-Kで勉強して、給食の時間から学校に行こう」といった使い方をすることもできます。

さらに、不登校支援で欠かせないのは、保護者への伴走です。「room-K」では、支援計画コーディネーターが保護者に伴走し、オンライン上でお子さんの学びと居場所について一緒に考える時間を大切にしています。

困難な事態が生じた時にはすぐに対応できるよう、臨床心理士、社会福祉士、弁護士との協力体制も整えています。

ちなみに、子ども支援スタッフは主に大学生から若手社会人、支援計画コーディネーターは元学校教員や心理職などが中心に担っています。これらスタッフとして働きたい方は非常に多く、応募者は日本中（一部は海外）から集まり、採用倍率が80倍になったことも。

不登校の子どもや家族を支えたいという方々が日本中から（時には世界からも）集まり、実際に働いていただくことができるのもオンラインの支援ならではだと感じています。

「room-K」に参加している子どもたちのうち、1年以上にわたって不登校だった子は54％。3カ月間の継続調査の結果、「週1回以上、何らかの場に参加した」という子が83％いたことが分かりました。

これは、オンラインゆえの気軽さ、そして一人ひとりにきめ細かく対応してきた結果だと感じています。

今後は、この仕組みを各自治体でも取り入れてもらうことで、支援できる子どもの数を増やしていけたらと考えています。

オンラインツールを使う時のポイント

カタリバの運営する「room-K」以外にも、不登校児のための、オンライン上の居場所やフリースクールは、今たくさん、できつつあります。

この章の最後にいくつかの例をタイプ別にご紹介していますが、オンラインツールを不登校対策として利用する上での基本的なポイントをお伝えできればと思います。

慣れていない方は以下の点に気をつけてチャレンジしてみることをおすすめします。

◎ オンラインだからこそ「誘い出してくれる人」は大事

どんなに魅力的なオンラインツールがあったとしても、自分で見つけて飛び込んで

いく子どもはなかなかいないようです。

とりわけ、心のエネルギーが下がっている不登校中の子であれば、未知のことにチャレンジするのは、ハードルが高すぎるかもしれません。

とはいえ、日頃から口うるさいと思われがちな親が無理強いすると、最初から拒絶されてしまうのがよくあるケース。特に思春期にさしかかっていれば、なおさらでしょう。

子どもにとって一番大事なのは、コンテンツの善し悪しよりも最初のアウトリーチ、つまり「誘い出し」。これは対面であっても、オンラインであっても同じです。「room-K」ではこの役割を保護者とメンターとで相談しながら行いますが、そういった存在がいなければ、こんな時こそ子どもにとって信頼できる〝ナナメの関係〟にある第三者を頼ってみましょう。

「このオンライン教材、最近流行ってるみたいだよ。おもしろそうだね。一緒にやってみない?」などと声をかけてもらい、少しずつ自走できるように見守ってもらえたら、その先はスムーズに進みやすいのではないかと思います。

オンライン上でビデオ通話ができる「Zoom」などを使う場合、画面上に自分の顔を出すことになります。

これは、不登校の子どもたちにとって、負担が大きいかもしれません。

もし、**顔を出すことに戸惑っているようなら、「無理に顔を出さなくても大丈夫だよ」と伝えてあげてください。**ご家族の方から通話の相手に、子どもが顔を出したがっていないことを伝えていただいてもいいかと思います。相手との間に信頼関係ができてきた時に、自然と顔を出すようになる子もいます。

会話そのものも、抵抗があるようなら無理をしなくても大丈夫です。

本気で不登校の子どもたちによりそおうとしている取り組みなのであれば、拙速に顔を出すことや会話を強制することなく、少しずつ子どもの状態に合わせて信頼関係を築くような接し方をしてくれるはずです。

「せっかくつながってもらったんだから、ちゃんとお話ししなさい！」などと親が急かすと、子どもはこうした取り組みに参加すること自体を拒むようになってしまうかもしれません。

焦らずに見守っていきましょう。

◎ 出会いが多いからこそ、見守る大人が必要

慣れないうちは抵抗感があるかもしれませんが、**オンラインツールは広い世界につながるドア**のようなものです。

共通の趣味の話題で盛り上がれる友達が学校にいなかったという子も、オンラインであれば、世界中のどこかに同じ趣味をもつ友達が見つかるかもしれません。

まわりの誰に聞いても分からなかった数学の問題も、オンラインなら教えてくれる人が簡単に見つかるかもしれません。こうした出会いに満ちているのがオンラインの魅力ですが、同時に犯罪やいじめの可能性が隠れているのも事実です。

子ども向けの交流サイトやオンライン上の居場所を選ぶ際には、信頼できる大人のスタッフが見守ってくれているのかどうかを確認しておくことをおすすめします。

またできれば、サイトの運営母体が信頼できる組織かどうかも確認するようにしましょう。子どもたちが楽しくなって写真をアップしているうちに、想定外のリスクにさらされた、ということも残念ながらありうるので、注意が必要です。

オンライン上の居場所やフリースクールには2つのタイプがある

近年増えている、**オンライン上の子どもの居場所やフリースクールなどは、不登校支援をうたっているものだけでなく、一般の子に学校では得られない学びを提供するものも**多くあります。非常におおまかに分けると、以下の2種類に分類できます。

- **学校型**（毎日朝から開いている場所）
- **おけいこ・塾型**（毎日ではないが、塾のように利用したり、イベント参加ができる）

生活リズムを整えたい、なるべく決まったメンバーと関わりたい、という場合は「学校型」がおすすめです（「**room-K**」は、基本的にはこちらです）。

複数のおけいこ・塾型のスクールに登録しておいて、日替わりで興味のあるクラスに出席するという選択肢もあります。主だったものを、いくつかご紹介していきます。

様々なオンラインの学びプログラム

クラスジャパン小中学園
https://www.cjgakuen.com

タイプ：学校型　対象：小・中学生
特徴：ネットの高校「N高等学校」発起人のひとり、中島武氏が設立したオンライン不登校支援サービス。ネットの先生が子どもと一緒に学習計画を立てたり、チャットでのやりとりを通して夢や目標を引き出していく。教材は最適なものを選択可能。月1回発行される「学習レポート」を保護者が在籍校に提出することで、校長の裁量によっては出席扱いや成績評価が認められる。

SOZOWスクール
https://www.sozow-school.com

タイプ：学校型　対象：小学4年生～中学3年生
特徴：決まったカリキュラムは存在せず、5教科学習のほかマインクラフトなどのゲーム、プログラミングやデザイン、動画制作など、自分だけの時間割をつくることができる。好きなことに夢中になることで、自己肯定感がアップするケース多数。キャリア教育やSDGsなどについても、大人や社会との関わりのなかで学ぶことができる。全国の高校生～社会人のなかから、子ども自身がメンターを選べるのも大きな特徴。

探究型プログラミング教室 アルスクール
https://arschool.co.jp

タイプ：おけいこ・塾型　対象：小学2年生～中学3年生
特徴：「つくるオモシロさ」を探究するプログラミング教室。複数の実教室に加え「創作の喜び、学ぶ喜びを全国に」とオンライン校が充実。一人ひとりにカリキュラムを最適化した少人数レッスンと、実教室とも接続するオンラインの枠を超えた創作コミュニティを持つ。さらに楽しむことに特化した「デジタル学童－アルスパーク」も開設、先生も子どもたちも一緒にデジタルで遊びまくる。

D.Live TRY部　https://www.dlive.jp/online-try/

タイプ：おけいこ・塾型（学校と併用している子もいる）

対象：小学4年生～高校3年生

特徴：YouTubeチャンネル「不登校のわが子にできること」を主宰する元不登校当事者、田中洋輔氏が立ち上げたオンラインフリースクール。みんなで「マインクラフト」や「スプラトゥーン」などのゲームを楽しんだり、テーマを決めて子ども同士で相談したり、発表したりする場も。ボイスチャットを使うので、顔を出したくない子も参加しやすい。常に大人が見守っているので、安心感がある。

探究学舎　https://tanqgakusha.jp

タイプ：おけいこ・塾型

対象：小・中学生

特徴：受験に直結するような"勉強"は教えず、興味の種をまき、探究心に火をつけることを目指すオンラインスクール。宇宙や元素などの自然の神秘や、歴史や音楽など人類の英知をテーマにした教材は、まるで1本の映画のように感情をゆさぶるものばかり。「広げるコース」は月4回、年12テーマ、「深めるコース」は1つの分野を半年かけて掘り下げていく。

親子オンラインスクール cocowith
https://cocowith-school.com

タイプ：おけいこ・塾型

対象：小学4年生～中学3年生の親子

特徴：コーチングをベースに親子がともに学ぶ「共育」を大事にしながら、答えのない時代を生きていくためのスキルとマインドを3カ月で学ぶ。1カ月目は「自立への基礎を育む」、2カ月目は「自分の世界・選択肢を広げる」、3カ月目は「自立・自走の一歩を踏み出す」。親子で参加する講座もひとりで参加する講座もある。子どもは週2回、大人は週1回。

探求学習塾エイスクール（a.school）
https://aschool.co.jp

タイプ：おけいこ・塾型
対象：小学1年生～ 6年生
特徴：メカエンジニア、絵本作家・漫画家、ゲームデザイナーなど様々な“プロ”になりきりながら分野横断的に学ぶ「なりきりラボ®」、建築家、ファッションデザイナー、コンビニ店長などの仕事から実践的な算数を学ぶ「おしごと算数®」などの探究学習プログラムが人気。20名での「レクチャー」と少人数制の「ゼミ」を組み合わせ、意欲を引き出す。子ども5名に1名の大学生メンターがつき、学びをサポート。

math channel　https://mathchannel.jp

タイプ：おけいこ・塾型　対象：小学1年生～6年生
特徴：「“体験”を通して算数・数学をもっと身近な学びに」を理念に、教室の運営、出張イベント、書籍執筆、クイズ・パズル制作など、様々な切り口で算数・数学コンテンツ企画制作・提供を手掛ける。オンラインとオフラインの講座を開講中。単発、短期集中、毎週継続など、算数・数学好きな子どもたちがより進んだ学びに触れる場、また、苦手な子どもたちが算数・数学を好きになる場を提供している。

NEST LAB.　https://school.lne.st/

タイプ：おけいこ・塾型　対象：小学3年生～中学3年生
特徴：科学技術を用いて世の中の課題解決を企てている研究者集団である株式会社リバネスが20年間で行ってきた教育活動のノウハウを詰め込んだスクール。科学技術に関連した好きなことを徹底的に伸ばすのが狙い。サステイナブルサイエンス専攻とロボットAIテクノロジー専攻に分かれて、専門家がサポートしながら、3年間のカリキュラムに従って研究開発に挑戦する。

自主学習のためのオンライン学習ツールも

単に自主学習を進めるためだけであれば、すぐれたＡＩドリルなどのデジタル教材もたくさん出てきています。なかなかひとりで自主的に取り組める子はいないかもしれませんが、リアル支援と組み合わせたりして、活用できるはずです。

選ぶ際は、子どもの状況に合わせて、

- **分からない時に、チャットなどで教えてくれる先生はいるのか？**
- **生徒同士の居場所機能はあるのか？**
- **習得することで、在籍校の出席認定を取ることができるのか？**

などをチェックして選ぶとよいと思います。

代表的なツールとしては、次のようなものがあります。

様々なオンライン学習ツール

Qubena（キュビナ）　https://qubena.com

対象：小学1年生～中学3年生
多くの学校が採用しているAI型タブレット教材。AIが一人ひとりの間違いの原因を解析し、搭載している数万問のなかから本人に合う問題を出題するシステム。使えば使うほど個別最適化する。解答時間や正答率も分析。

すらら　https://surala.jp

対象：小学1年生～高校3年生
先生役のアニメキャラクターと一緒に理解度に合わせて進めるAI型教材。レクチャー・ドリル・テストの機能があり、学習内容の定着をワンストップで行える。学習履歴の分析に基づく学習目標は、先生と生徒の間で共有可能。

スタディサプリ　https://studysapri.jp

対象：小学4年生～大学受験対策
専用端末は必要なく、自宅にあるタブレットやスマホで受講。小学生は、1回15分のレベル別映像授業と授業に対応したテキストで学ぶ。中学生向けは定期テスト対策も充実。理解度に合わせ、1万問以上の演習問題にトライできる。小学校と中学校の間で戻り学習や先取り学習をすることが可能。

スマイルゼミ　https://smile-zemi.jp/

対象：小学生～高校生
専用タブレットとペンで学ぶ通信教育。20年以上にわたる教育現場でのノウハウを生かし、楽しく学びたいという気持ちが毎日続くしかけを構築。得意不得意分野、正答率、解答時間なども分析。進捗状況は保護者のスマホに届く。中学生向けは、定期テスト対策や内申書で重視される実技4教科も。

atama＋　https://www.atama.plus

対象：小学生～高3・既卒
理解度やミスの傾向などをAIで解析し、一人ひとりに合った専用カリキュラムを作成。動画講義から復習までを広くカバーし、学習状況をデータで見える化。

＊Qubenaは学校経由、atama＋は塾経由で利用可能です。

不登校解決へのケーススタディ

2

Kちゃん（11歳）
小学4年から現在（小学5年）まで不登校

「room-K」の中で、「音楽クラブ」を立ち上げ。自信を取り戻すことで、生きるエネルギーを回復中。

小学校4年生のある日、Kちゃんは突然「もう学校には行きたくない」と言い出しました。理由を問い詰めるとパニックを起こすような状態で、行ったり行かなかったりすることを繰り返すうちに、やがて週2回ほどの保健室登校になり、5年生になる頃には完全な不登校になってしまったそうです。

「私も最初は学校に行ってほしいって思って、いろいろとアプローチしたのですが、

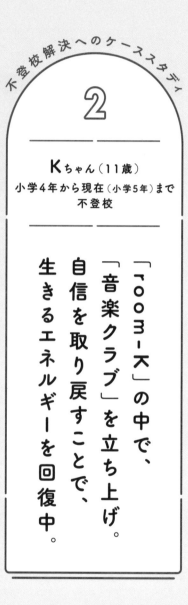

だんだん『私なんて、生きてる意味がない。死んだほうがマシだよ』って言うようになってしまったんです。それを聞いて、ああ、これは無理に行かせてはいけないんだな、と私の中で意識が切り替わった瞬間がありました」

お母さんは当時のことをそう振り返っています。

スクールカウンセラーに相談するも……

「どこに相談していいのか、全く分からなかった」というお母さんが最初に頼ったのは、学校のスクールカウンセラーでした。

「スクールカウンセラーさんと娘は全然かみあいませんでしたね。『なんで学校に来られないの？』っていう原因追究ばかりされてしまって、本人が心を閉ざしてしまったんです」

Kちゃんはある時から、スクールカウンセラーのもとに通うこともやめてしまい、お母さんにとっての相談窓口もそこで途切れてしまいました。

「room-K」で「音楽クラブ」を立ち上げる

Kちゃんはもともと人と関わることも、おしゃべりも大好き。学校に行かないと話し相手が親しかいないので、フラストレーションがたまっていました。

お母さんも、なんとか居場所を見つけてあげようと動いたものの、フリースクールは高額で手が出せません。そんな時にイベントで知ったのが「room-K」でした。

「まだ小学生なので、オンラインでうまくいくのかどうか半信半疑のスタートだったのですが、〝ナナメの関係〟にあるお兄さんやお姉さんが話をよく聞いてくれるし、いろいろな話もしてくれるんです。ああ、こんな場がほしかったんだって、私のイメージにバチッときて。娘が楽しそうに話をしている姿を見て、涙が出ました」

Kちゃんは、「room-K」の中で「音楽クラブ」を立ち上げました。その経験が、不登校で低下していた自己肯定感をぐっと高めてくれたようです。

「本人がやってみたいって提案したら、スタッフの皆さんが一緒に計画を練ってくれて、実現することができたそうです。本人にとって、大きな自信につながりました。この自信こそが、いつかリアルの場に出て行くためのエネルギー源になるのは間違いないと思っています」

いつか、羽ばたいていく日のために

子どもを見守りながら、時には一緒に涙してくれるような伴走者の存在は、お母さんにとって大きな支えだったと言います。

「支援計画コーディネーターさんが私を、メンターさんが子どもをフォローしてくれたおかげで、私に精神的な余裕が生まれました。正直、ここまでやってくれるとは思いませんでしたね（笑）。今はもう心配せず、娘に任せています。十分に力がたまったら、羽ばたいていくような気がし始めているんですよ」

第7章

こんな時、どうする？先輩親子からのヒント

子どもの不登校が長く続くと、
家族の生活にも多くの問題や悩みが
生じてくることがあります。
お悩みの内容は、ご家庭によって様々ですが、
一方で、多くのご家族に共通する悩みもあると感じます。
そんな「よくあるお悩み」を、不登校の先輩親子が、
どのようにして乗り越えたのかは、
きっと読者の方々のお役に立つはずです。
先輩親子の方々から教えていただいた
経験談を参考に、ヒントをまとめてみました。

夫婦間、家族間で意見が合わない時は？

第2章では、家族と意見が合わない時は専門家から話してもらう方法もあるとお伝えしました。とはいえ、人の考え方を変えるのは難しいものですよね。

そんな時には、自然と価値観が変わるような場に行ってもらうのも効果的。

◎ 多様な価値観に触れる、ルールを決める……

父親は育児に関して情報交換をする場が少なく、もともと持っている価値観をアップデートできずにいる人も多いようです。
たとえば〝**不登校の父親の会**〟**などで先輩パパと交流してもらう**など、別の価値観に気づけるような機会への参加を促すことも有効かもしれません。

転勤によって大きく価値観が変わった例もあります。

小学校時代から数年にわたって不登校を続けるLちゃんのお父さんは、「学校に引きずってでも連れて行け！」という考え方の持ち主。いくらお母さんが「それでは逆効果だ」と伝えても、聞く耳をもってくれませんでした。

けれども、海外赴任を経て「自分の常識は、世界の常識ではなかった」という気づきを得たことで、不登校に対する考え方も変わったそうです。

専門家に諭されなくても、多様な価値観に触れることで、自ら気づくこともあるのですね。

できることなら、夫婦で徹底的に話し合うのも、ひとつの方法です。

娘さん2人とも不登校になったMさん夫婦は、**子どもに対してすべきこと、すべきではないことを紙に書き出して2人で共有**しました。コピーをして迷った時に立ち返るようにしているそうです。

最初にしっかり話し合って約束ごとを決めておくことで、夫婦の行き違いも、感情に支配されることも少なくなったという、良い事例だと思います。

不登校の子のきょうだいも、学校に行きたくないと言い出したら？

不登校の子のきょうだいも、学校に行きたくないと言い出し、きょうだい2人とも不登校になってしまうというケースもよく耳にします。

不登校になった小学校1年生のNちゃんには、2つ年上のお姉ちゃんがいます。ある時期から、お姉ちゃんが「Nちゃんだけ学校に行かなくていいなんて、ずるい！私だって行かなくていいなら行かないよ！」と駄々をこねるようになり、ご両親はすっかり困ってしまいました。

よくよく話を聞いてみると、お姉ちゃんは、**ご両親の関心がNちゃんに集中してしまっていることで、寂しい気持ちを抱えていた**ことが分かったそうです。

これは**典型的な「自分だってもっとかまってほしい」というアラート**でしょう。

こうしたケースは、兄弟姉妹の誰かが重い病気で入院し、両親の愛情や労力の大半がその子に注がれてしまった時にもよく起こりがちです。

こんな時は、学校に通っているほうの子と2人だけで出かける時間を定期的にとって、「お母さんは、あなたのことがとても大事なんだよ」とまっすぐに伝えてあげると、気持ちが満たされるのではないかと思います。

◎“最上位目標”は何か、考えを整理する

中学1年生のOくんは、学校に行けなくなり、オンライン上の居場所で過ごすようになりました。

それに対して1つ上のお兄ちゃんが「学校に行かなくていいなんて、ラクでいいよな。そんなの不公平だよ」と言い出しました。

もともとお母さんは、お兄ちゃんには「学校に頑張って行きなさい」、Oくんには「無理して行かなくてもいいよ」と言葉を使い分けながらも、どうしたらいいか悩んでいらっしゃったそうですが、それが結果的に、お子さんの迷いにつながりました。

大切なのは、どんなお子さんにとっても**「学校に行くか行かないか」自体が本質的な問題なのでないということ。「自立を目指して学び続けられる環境がある」ことが重要**だということです。手段ではなく、〝最上位目標〟が大切です。

とはいえ、一人ひとり、現在地が違うわけなので、言葉がけが違うことは悪いことではありません。とても難しいですよね。

まずお母さんは、オンライン上の居場所でOくんがどのように過ごしているのかお兄ちゃんに見せました。

その上で、「お母さんは、みんなが幸せに生きていくことが大切だと思ってる。学校は楽しい場所であるべきだよね。だけど学校は今、Oくんにとってとってもつらい場所になっているの。2人にとって、行きたい場所になるといいね」と、**メッセージをひとつにして、お兄ちゃんに話した**そうです。

お兄ちゃんは「Oにとっての学校はここなんだね」と納得して、それ以来、不満を口にしなくなったと言います。

不登校の子のきょうだいへの影響

2人以上のお子さんがいる家庭で不登校の問題が生じると、他のきょうだいにも様々な形で影響が出てくるものです。

最初に不登校になったお子さんと、それを見ていたきょうだいでは、家族内での立場も、学校で置かれている状況も当然異なりますが、きょうだいの間にデリケートな葛藤が生じることは珍しいことではありません。

ところが、保護者側に余裕がない状況では、他のきょうだいの葛藤が見過ごされることもしばしば起こります。どこまで対応できるかは状況次第ですが、他のきょうだいの言い分にも耳を傾ける機会をつくるといった配慮が必要でしょう。

それぞれの価値や生き方を認められるように

他のきょうだいは学校での価値観を引き合いに出し、「学校に行かなくていいなんてずるい」とか「じゃあ僕も行かない」など、きょうだい同士を「平等に扱うこと」を求めるかもしれません。

しかし、ここで求められるのは、全く同じように平等に扱うことではなく、「お子さんたち一人ひとりが、それぞれの基準や価値を実現する」ということを、保護者が「愛情をもって応援する」ことではないでしょうか。

言葉で表すならば、平等よりも「公正（フェアネス）」のほうが近いかもしれません。

先の事例でも、メッセージはひとつにするという配慮をしながらも、結果的にたどり着いたスタンスは「Oにとっての学校はここ」「兄にとっての学校はあっち」という、それぞれの価値や生き方を認めるという態度だったように思われます。

最近の表現なら「多様性の実現」ということになるでしょうか。

カタリバ・アドバイザー　成田慶一（Ph.D.／臨床心理士／公認心理師）

昼夜逆転してしまった時は？

不登校と昼夜逆転はセットで起こりがちです。

「みんなが学校に行く時間帯は罪悪感に苛まれる」「家族が起きている時間は、不登校を責められそうでつらい」などという気持ちから、あえて昼間に眠る子もいれば、単にゲームなどで夜更かしの癖がついてしまったという子もいるようです。

心配していることを伝えながら、まずはゆっくり気持ちを聞けるといいですね。

起立性調節障害がいやうつ病など、病気が疑われる場合は医師に相談しましょう。

◎「役割」を与えたら解決した例も

深夜から朝にかけてゲームに熱中するようになった中学2年生のPくん宅では、P

くんが前からほしがっていたウサギをペットとして迎えました。
「ちゃんと朝起きてエサをやらないと、死んじゃうよ」と話したことで、「僕がしっかりしないとダメなんだ」という思いが芽生えて、昼夜逆転はあっさりと改善されたそうです。

動物を飼うことで不登校の子の状態が改善した例は他にもよく聞きます。

学校には行けないけれど、地元のスポーツ少年団の野球チームに所属していたQくんも昼夜逆転タイプ。Qくんには、野球チームのコーチがあえていくつかの役割を割り当てました。野球が大好きだったQくんは「俺が行かないと、みんなが練習できなくなってしまうから」と徐々に生活リズムを取り戻していったそうです。

この**2つの事例は、自分の役割を認識できたことでうまくいったケース**です。
ただし、これは心のエネルギーが回復期に入ってきた時期に、本人にとって「ストレッチゾーン」に当てはまることを選ぶのがポイントです。

子どもがゲームやSNSにどっぷりと浸かってしまったら？

スマホやゲームに子どもがハマるのは、不登校かどうかにかかわらず、現代の多くの親たちが子どもに抱えている心配ですよね。

カタリバでは、スマホやゲーム、YouTubeなどをはじめ、**何事においても「ルールメイキングに子どもを参加させる」**という考え方を大切にしています。

子どものネットや端末の利用は、大人が不安に思うがあまり「危ないもの」という前提で禁止事項を決め、一方的にあれもこれもダメ！　としてしまいがちです。ただ、これからの子どもたちはデジタルをさらに積極活用していく世代。リスクと可能性の両面を正しく理解し、もっと便利で楽しく可能性を広げる活用ができる力をつけ、その力を社会に役立てられるように、支援したいものです。そのためにも、まずは、子どもと一緒にルールを決めるところから始めてみることをおすすめします。

◎スマホやゲームを取り上げるのは逆効果

ルールをきちんと決めず、親の感覚だけで「やりすぎよ！」とスマホを取り上げてもケンカになるだけですし、その時の親の感情で叱ったり叱らなかったりすれば、子どもは納得できず、同じことの繰り返しになってしまうでしょう。

無理やりにスマホを取り上げたりネットを切ることで、子どもがリストカットをしてしまったり、全くやる気をなくしてうつ症状が出たというケースも聞きました。

スマホやゲームは「依存症」のような状態になることもあります。**スマホやゲームのやりすぎが原因で、日常生活が送れないほどの影響が出ているようであれば、その場合には精神科などの医療にかかる**ことも視野に入れてください。

◎事件に巻き込まれないように注視することも大切

もうひとつ、人と簡単につながれるソーシャルゲームやSNSの関係性から、若者が犯罪に巻き込まれる事件が現実的に多数起きています。学校に行かないからこそ感じている孤独の中で、ネットでつくれる人間関係も応援してあげたいですが、時には**親がどんな人とつながっているか注視する**ことも必要かと思います。

不登校の中学3年生のRちゃんは、SNSで知り合った隣県の友達と待ち合わせて、好きなアイドルのライブに行きたいと言い出しました。Rちゃんの趣味を応援しているお父さんですが、これは心配です。かといって、頭ごなしに禁止してしまえば、Rちゃんの可能性を閉ざしてしまうかもしれません。

迷った末、ライブ会場まで送った際に相手の顔を見て挨拶し、相手の保護者にも連絡をとった上で、見送ったそうです。

どこで線を引くのか、親子でお互いの意見に耳を傾けあいながら、ルールメイキングができたらいいですね。

ゲーム依存症とはどんな状態？

わが子が朝から晩までゲームに没頭していたら、親としてはいわゆる「ゲーム依存症」なのではないか、と心配になるかもしれません。

実は「ゲーム障害」は、ICD-11（WHO, 2022年発効）という国際疾病分類に収載されたばかりの新しい概念です。そのため、熱中との違い、他の依存症との共通点などについて研究を行い、精神疾患の一つとしてどのように取り扱うべきかが検討されている段階です。

ゲームに夢中になっている時、脳内では、ドーパミン報酬系という神経ネットワークが強く働いています。このネットワークは、美味しいものを食べて満足したり、いい成績が出て嬉しい時などにも働くもので、感情や学習プロセスなどとも密接に関連しています。

ゲームでは、「快」の状態が手軽に生み出せるので「もっともっと！」と際限がなくなってしまうのです。こうした状態を「行動への依存」といいます。

「依存症」の基準は「生活に支障が出ているか」

実際に「依存」の状態にあるのかどうか、家庭でチェックする時の基準は「どのくらいゲームに熱中しているのか」ではなく、「生活に支障が出ているかどうか」です。

食事や入浴を欠かさず、身だしなみにも気を遣えて、日常生活を普通に送れているのであれば、仮に長時間ゲームをしていたとしても「依存」とは言いません。没入しているだけで「依存」と言われるなら、受験勉強だって、部活だって依存と言われて制限を受けることになってしまいます。

もし、感情のコントロールが難しくなったり、以前から楽しめていた趣味への興味が失われたり、学校や家庭の活動機会を逃し続けたりするなど、日常生活に支障が出ていたら要注意と言えそうです。

その時は、思春期・青年期を対象としている精神科（できれば依存症に強い機関）で相談することをおすすめします。都道府県ごとに設置されている精神保健福祉センターなどで相談にのってくれることもあります。

カタリバ・アドバイザー　成田慶一（Ph.D.／臨床心理士／公認心理師）

子どもが夢中になれるものがなかなか見つからない

子どもが学校に行かずに家の中に閉じこもってしまうと、親は「何かひとつでも、夢中になれるものを見つけてほしい」と願うものですよね。

夢中になれるものに出会うことが自己肯定感の向上につながることもあります。

とはいえ、親の側からあれこれ提案してみても、特に思春期の子どもは見向きもしないことがほとんどでしょう。

◎ 子どもが見つけたものを否定せずに応援して

不登校を続ける中学3年生のSちゃんは、韓流アイドルが大好き。

お母さんは、初めは戸惑ったそうですが、そこから何か広がりが出るかもしれないと思うことにしました。そして自分もそのアイドルについて知り、ファンになったそうです。

その結果、Sちゃんとのコミュニケーションも増え、関係性も良好に。Sちゃんは独学で韓国語の勉強を始め、コリアンタウンでは韓国語でおしゃべりを楽しめるまでになりました。

子どもが自発的に好きになったものを大切にした、という良い例だと思います。

中学2年生から不登校だったTくんは、学校の代わりに通っていた居場所施設で、そこで働いていたスタッフの人からテニスをやってみようと誘われました。運動には苦手意識があったTくんでしたが、まわりの友達にテニスをしている人がいなかったので「これなら誰にも比べられることなく楽しめる」と思ったそうです。

お母さんは、「無理に学校に行かなくても、やりたいことができるところに行ければいい」と割り切って、Tくんを見守ることにしました。その結果、Tくんはテニスでつながった人がたまたま部活のコーチをしている高校があると知り、そこに行きたいという理由で、進学先を決めたそうです。

好きになったことを通して信頼できる大人に出会えた、という好例ですね。

親はつい、「自分が情報をもってきてあげないと、この子は何も見つけられないかもしれない」と思って、先回りして右往左往しがちです。そしてそれに子どもが見向きもしないと、怒りがわいてきたり、無力感に苛まれたり。

でも、**子どもは自分で選択し決めたことを、認められ尊重されることで夢中になっていいんだ、と自信を持てます**。親は、きっかけを提案することはできても、本人の心が動くまで待つしかありません。そんな時がくると信じて、ゆったり構えて待つことも大切ですね。

そしてそれが見つかったら、親も興味を持って楽しんでみると、子どもの自己肯定感も高まっていくのだと思います。

◎「無理させない」のか、「挑戦させる」のか？

第3章でもお話ししましたが、子どもを頑張らせるべきなのか、休ませるべきなのか、親にとっては迷うこともあると思います。

小学3年生の時に不登校になったものの、翌年から少しずつ学校に行き始めたUちゃん。学芸会では、友達とチームを組んで一輪車を披露することになりました。

毎日頑張って練習してうまくいっていたのですが、発表会前日に失敗してしまったことから怖じ気づいてしまったのだそう。

お母さんは「無理せず休んだら?」と言うか、「頑張って」と言うか悩みましたが、一生懸命に挑戦する姿を見てきたので、思い切って背中を押しました。

その結果、**本番で大成功を収め、それが成功体験となって、後々の自信につながったのだそうです。**

本人が夢中になって頑張ってみたいと思っているようなら、失敗しても大丈夫ということを伝えた上で、少しだけ背中を押してあげることも大事かもしれません。

「不登校の子には安心安全な場所を確保することが一番で、頑張らせない」というスタンスになりがちですが、〝今は応援し時〟と思ったら、その直感を信じて「ここまでのあなたの頑張りを誰よりも知ってるよ!　応援してる!」と背中を押してあげるべきタイミングもあると思います。その言葉がけで、失敗してもまたやり直せばいいと勇気をもって、お子さんのチャレンジを支えてあげてください。

わが子の不登校、職場や近隣に知られるのが怖い

不登校のお子さんを抱える親御さんとお話ししていると、必ずと言っていいほど話題になるのは**「わが子が不登校だということを、職場の人や近所の人に知られたくない」**ということ。

その背景には、「不登校は親の育て方が原因」だと言う人たちが少なからずいたり、自分自身でも自分を責めてしまっているということがあるようです。

実際は、今現在の子ども自身と環境との相互作用の結果、不登校になるのであり、親の育て方だけが原因ではありません。どんな子であっても不登校になる可能性があります。ただ、一般的にはまだ、そうは理解されていないようです。

あるお母さんは、職場の会話の中でぽろっと「うちの子、学校に行きづらいみたい

で……」と口にしたところ、実はその相手の子も不登校で、同じように誰にも言えないと思っていたと分かり、それ以来、何でも相談しあえる仲になりました。

◎同じ境遇の仲間と語り合う

お子さん2人が不登校になったお父さんは、家族の前では笑顔を絶やすまいと笑うようにしていましたが、朝の通勤時間に娘と同世代の子たちが元気に学校に向かう姿を見るたびに、胸が苦しくなり、下を向く日々が続いていたそうです。それが、不登校の父親が集う保護者の会に参加し、同じ境遇の父親たちと語り合うことで、救われたような気持ちになったそうです。

近くで話せる人が見つからない場合、また、特に地方では狭いコミュニティだからこそ話せないという方もいらっしゃると思います。カタリバでは、定期的にオンライン保護者会を開催しています。地域を離れた、利害関係がない立場の人であれば、むしろ話しやすいという方はぜひ参加を検討してみてください。

子どものサポートで仕事が続けられない

子どもが不登校になると、仕事をもっている親は、仕事を続けられなくなることがあります。

小学生の娘が不登校になったVさんは、子どものサポートで職場への遅刻が増え、正社員を辞めるように促されたといいます。居づらくなって仕事を辞め、在宅でできる仕事に切り替えましたが、収入が正社員の頃から激減したため、以前の収入で決定された社会保険料が払えず生活保護を受けることになったそうです。

同じく小学生の息子が不登校になったWさんも、子どものサポートの時間を取られ、短時間しか働けず、正社員から最低賃金のパートに変わりました。

シングルペアレントだったり、家族がいてもサポートが得られない状態だと、不登校は親の仕事や家計を直撃します。

収入は減る一方なのに、子どもの居場所確保や学費のための出費、医療費やカウンセリング費用などが次々にかかってくるのは非常に深刻な問題です。

また、若い親御さんにとっては、キャリアを磨く重要な時期にその機会を逃すことは、生涯にわたる仕事の選択肢に影響する可能性もありますよね。

◎ 介護休業を使えないか交渉してみる

子どものサポートなどで、今までと同じように働けなくなったら、職種にもよりますが、**週の何日かをリモートワークに切り替えられるかどうか、あるいは、子どもを職場に連れて行ってもいいか**どうか……など、まずは率直に、上司や人事部などに事情を話して、相談してみましょう。理解のある職場なら働き方を柔軟に考えてくれるケースもあると思います。

また、もし、**子どもが起立性調節障がいやうつ病などで診断書が出るなら、介護休業を取れる可能性**もありますので、それも人事部に確認してみるといいでしょう。

「自分が仕事に専念しすぎていたことが不登校の原因なのでは?」という罪悪感から仕事を辞める方もいます。

Xくんのお母さんもそんなひとり。でも、当のXくんからは「お母さんが家にいるとうるさいから家にいないで」と言われ、カウンセラーからも「今はなるべくひとりの時間をつくってあげて」と言われ、ご自身の判断を悔いて涙を流したそうです。

Xくんの言葉通り「親の監視が嫌」が子どもの本音という場合もありますが、「自分のせいで親が好きな仕事を辞めた」と察し、さらに自分を責めるようになったという子どもの話も聞いたことがあります。

仕事は金銭を得る手段のみならず、「親である自分」以外の軸で、自分のすべきことに向き合える時間。仕事によって自尊心や自己効力感を確認できる方もいるでしょう。その結果、子どもとも平常心で向き合える場合もあるかもしれません。

もちろん、多忙すぎて子どもと向き合う余裕がなくなったり、お子さんの病気等で、仕事をセーブせざるを得ないこともあるかと思いますが、**お子さんが不登校になる前と同じように生活を送ることが親子の安定につながることもあります。**辞めるという決断をする前にゆっくり検討してみましょう。

親自身が、もう疲れてしまった

子どもの不登校による、親御さんのご心労、ご苦労は大変なものです。**次々に起こる現実的な問題に対処していかなければならない一方で、出口が全く見えないと心が折れそうになることもある**と思います。

「自分の育て方が悪かったのでは？」「先生からダメな親だと思われているのではないか？」など、ネガティブな思いにとらわれることもあるでしょう。

繰り返しになりますが、保護者自身が心身のケアをしたり、安心して気持ちを吐き出せる場を確保したりすることは、何よりも大切です。

カタリバが運営している「おんせんキャンパス」では、子どもの不登校を経験した先輩パパ・ママがメンターとして活動しています。

メンターの皆さんが大切にしているのが、自作の「自分年表」や「自分グラフ」を使って、後輩パパ・ママたちの前で自分の体験を語る時間です。

「どんな出来事があった時に、気持ちが上がったり下がったりしたのか」などと振り**返ることで、自分の体験を俯瞰して見ることができる**ようになり、さらには気持ちの整理につながっていくと言います。

◎書き出して俯瞰する

これは、今、不登校の悩みの渦中にいる親御さんにもおすすめしたい方法です。

自分が生まれてどう生きてきたのか、そして子どもが生まれ、不登校になり、どう接してきたのか。書き出すだけでも心の整理ができますが、できれば、それをもとに話をする場を設けてみてください。

相手は支援者でも、カウンセラーでも、信頼できる家族やお友達でも構いません。語り合うことによって状況をとらえ直したり、自分の新たな一面や無意識のうちにとらわれていた部分に気づくことができるでしょう。

また、親御さんの中には、不登校の子どもと向き合う日々の中で**「いいこと日記」**

を書いて心を整理したという方もいらっしゃいます。

「今日は一緒にスーパーに行けた」「今日は、部屋から出てきてごはんを食べた」など、嬉しかったことを書くのです。

「できなかったことは書かず、できたことだけ書く」「特に嬉しかったことは色をつけて書く」などルールを決めてやってみると、気持ちが上向きになります。

本書ではいろいろなアドバイスを書いていますが、24時間365日、この通りに子どもと関われる親なんて、まずいません。疲れて子どもの話をうまく受け止められなかったり、時にはケンカになって言い過ぎたりすることも、きっとあると思います。

最初から完璧な対応なんて、できなくて当たり前。言い過ぎた場合は、「言い過ぎてごめんね」と謝れば大丈夫です。また、**「私はこれが悲しかったよ」**など、**自分を主語にしてメッセージを伝える〝アイメッセージ〟という方法も有効**です。

完璧を目指さず、少しずつ子どもとの関わり合い方を練習していきましょう。

不登校解決へのケーススタディ

3

Yくん（19歳）
中学1年から中学3年まで
不登校

3年間の不登校を経て希望の高校へ。生徒会も経験して自ら道を切り開く。

Yくんは両親と5つ年上の姉の4人家族。東京で暮らしていたのですが、中学1年生の時に姉がいじめにあったことから、急遽、一家で島根県に引っ越すことになりました。転校後に体調を崩して、登校をしぶるようになったそうです。

「息子は東京の中学校が気に入っていたのに、詳しい理由を聞かされることもなく、急に島根に連れてこられたんです。だから、『なんで僕はここにいなくちゃいけないの？　もう死にたいよ』って。この子を守らないとまずいなと思って、『あなたがいてくれるだけで、お母さん、嬉しいんだよ』って毎日伝えたんですけれど……」

もともと、お父さんは上から指示を出して、子どもを従わせようとするタイプ。子どもが言うことをきかないと、「お前がちゃんとしていないからだろう!」とお母さんを叱りつけることもありました。

「私自身も子どもたちにレールを敷いてしまいがちで、『あれはダメ、これはダメ』と言うことが多かったんですよね。夫に怒られるのが嫌で、つい先回りしていたのでしょう。だから息子も、何かにチャレンジする前に『どうせ、お母さん、ダメって言うよね?』ってあきらめるようなところがありました。もっと、子どもたちの気持ちを聞いてやるべきだったって、今振り返ってみて思うんですよ」

「もうひとりの自分が話しかけてくる……」

それでも、東京にいた頃のYくんは放っておいても楽しく学校に通っていたので、お母さんの意識はいじめられがちだった姉のほうに。まさかYくんが不登校になるとは、想像もしていなかったそうです。

「学校に行けない日は、よく海にドライブに連れて行きました。イカ焼きを食べに行こうよって連れ出して、車の中で音楽を聴いたり、おしゃべりをしたり。『なんで僕ばっかり我慢しないといけないの？』なんていうことも言ってくれましたね。私は今まで彼のことを全然理解していなかったんだな、と気づく時間になりました」

一度は落ち着きを取り戻して学校に戻ったものの、中学2年生の冬から再び学校に行けなくなってしまったYくん。無気力状態で、人と会うことを嫌がり、話しかけても横になったまま反応しない状態になってしまいました。

「眠ろうと思っても眠れないとか、もうひとりの自分が話しかけてくる声がするとか、そういうことも言うようになりました。精神科では、起立性調節障がいとか自律神経失調症だとかいろいろ言われましたね。少し私と離れて気持ちを整理したほうがいいということで、1週間ほど児童相談所でショートステイをさせてもらいながらカウンセリングを受けたこともありました。見守るしかない……という時期でしたね」

「おんせんキャンパス」で取り戻した自信

「おんせんキャンパス」を学校から紹介してもらったのは、中学3年生の時。わらにもすがる思いで施設長の池田隆史に会いに行ったお母さんが、ここなら大丈夫だと思ってYくんにすすめました。

「私が毎朝、出勤途中に息子を送り届けていました。かなり早い時間だったのですが、息子のために早めに出勤してくれていた池田さんと一緒に散歩をしながら、みんなが来るのを待っていたようです。大勢の中に自分が入っていくより、みんなを待つというのがよかったようですね」

「おんせんキャンパス」でいろいろなことに挑戦するうちに仲間もでき、自信もついてきたYくん。自分を理解してくれる人たちに出会い、「悩んでいるのは自分ひとりではない」ということも分かり、家でも楽しそうにその日の出来事を話してくれるようになってきました。

「スタッフの皆さんは、何かやりたいと言うと否定せずに考えてくれる。それで息子は自己肯定感を取り戻していったようです。私も『あれもダメ、これもダメ』って言い続けてきたこと、説明もなく島根に連れてきてしまったことを後悔していたので、『何かやってみたいことある？』と聞くようになりました。そうしたら『いつか熱帯魚を飼ってみたいな』って言ったんですよ。本人の気持ちが変わってきていたんですね。私のほうこそ『そんなの無理だよ』って言うのをこらえる訓練をしなくちゃ、と思いました。時間があるんだから、何でもやってみればいい。失敗したら、次のものを見つければいい。私も息子も前向きになることで、少しずつ希望が見えてきたんです」

生徒会の役員になって校則を変える

中学3年生の時に、中学校へは戻らないことと、「おんせんキャンパス」で受験勉強をすることを決めたYくんは、無事に志望校に合格。これが大きな自信につながり、高校に入るとアルバイトを始めて、ほしかった大きな水槽を買ったり、ひとり旅に出たりするようになりました。

「高校では、3年間、皆勤賞でした。びっくりしたのは、生徒会に入って〝毎月の制服チェック〟という校則を変えたこと！　自信がついたことで、前向きな行動に出られるようになったのでしょう。もちろん、不登校は大変なことだったのですが、不登校にならなければ味わえなかったこともあったと思っています。この経験を通して、2人とも、何かあった時に乗り越える精神力が身につきましたね。不登校は私たち親子にとって大切な時間だったし、今となっては〝お守り〟みたいな経験だったと思っています」

Yくんは高校卒業後、地元の建設会社に就職して土木の仕事につきましたが、「もう一度勉強をしたい」という希望を持つように。今は飲食店でアルバイトしながら、自分のお金で専門学校に通い、学び直しています。

なんと最近、お母さんもその飲食店でアルバイトを始めたそうです。

「以前は人見知りだったのに、すごく感じよく働いていて〝対応がいい店員さん〟として口コミサイトに書かれたことも。人はここまで変われるんですね。もう私を超えていますよ。『先輩、すごいっすね！』っていう感じです（笑）」

第8章

不登校の子の進路選択

不登校の子の親御さんの悩みや不安で、
特によく耳にするのが「進路」についてです。
「義務教育の後、高校に進学できるのか？」
「大学もあきらめたくないけれど方法はあるのか？」
など、子どもの進路や将来に関する悩みはつきません。
でも安心してください。
小・中学校で不登校を経験していても、
高校や大学に進学する方法はいくつもありますし、
実際に進学した先輩は、たくさんいます。
この章では、進路選択の可能性や、
その選び方について具体的にお伝えします。

進路については早めに情報収集と相談を

お子さんが学校をお休みすることを認めてあげられるようになっても、つきまとう不安は、きっと「中学まではなんとか進級できたとしても、高校に行けるんだろうか」という点でしょう。

とはいえ親御さんばかりが焦っていて、子どもと進路の話なんてとても始められる状態じゃない、進路のことなんて言い出したらさらに親子の関係が悪化する……そんな状態の方も少なくないと思います。

それでも、お子さんが「進路について考えたい」と思った時のために備えておくことはできます。

たとえば、中学校が開いている進路説明会に親御さんだけでも参加したり、どのような進路指導が行われているかの状況などを確認したりすることもできるでしょう。

中学校には、進路指導の担当の先生が、必ずひとりはいます。**その先生に、過去に在籍していた不登校の子どもがどこに進学したかや、通える範囲の学校の特徴などを教えてもらう**といいですね。

文科省も、「欠席や不登校を理由に不利益がないように」と通知を出しています。高校に出す提出書類のことでアドバイスがもらえる場合もありますし、なかには**「高校からは頑張ろうと思っている」ということを自己申告書として添付することができる地域も**あります。

◎ 先生にはこちらから希望を伝える

中学校の先生たちは「学校に来られない子に、進路のことで声をかけると逆に追い詰めてしまうことにならないか」と、躊躇していることも多いようです。

「進路について考えたい」と思えるようになったなら保護者のほうから学校に連絡をし、意向をお伝えになることをおすすめします。

◎ 学ぼうと思えばいつからでも学べる

進路選びは、知名度やイメージなどではなく、**長い目で見た時に、本人が自立して社会と関われる大人に成長していける環境かどうかという点が重要**です。その上で、お子さんが譲れない点、家からの距離や通学手段など、今この子が楽しんで通い続けられる学校はどこなのかを、本人・先生と一緒に考えてみることをおすすめします。

この時代、社会規範とされる「高校生らしさ」に子どもを合わせる必要は、私はないと思います。たとえば「生物の研究に没頭したい」「髪を染めたい」「自由な服を選びたい」など、こだわりは人によって違います。校則が開示されていない学校も多く、思わぬところでつまずくこともあるので、事前に確認も必要です。

また、少し休息が必要だと思ったら、中学を卒業してすぐに高校に入学と〝ところてん式〟に考えなくてもいいかもしれません。**今の時代、学ぼうと思えばいつからでも学ぶことができます。**

大切なのは、本人が学びの環境を楽しめるかどうか。そこにこだわってください。

不登校からの進学先 増えつつある選択肢

高校には、全日制、定時制、通信制という3種類の課程があります。**どの課程の高校を卒業しても、取得できる資格は同じ「高校卒業資格」**。ただし、授業の方法や単位の取り方など、仕組みや特色は異なります。

- **全日制**…平日の朝から夕方にかけて授業を受ける、いわゆる一般的な高校です。
- **定時制**…「夜間定時制」「昼間二部定時制（午前・午後）」「三部制（午前・午後・夜間）」があり、自分の生活スタイルに合う学校を選ぶことができます。
- **通信制**…毎日通学する必要がなく、自宅学習を中心に学びます。

また、高校を卒業するために必要な単位数は74単位以上。週あたり1回50分の授業

中学卒業後の進路は多様

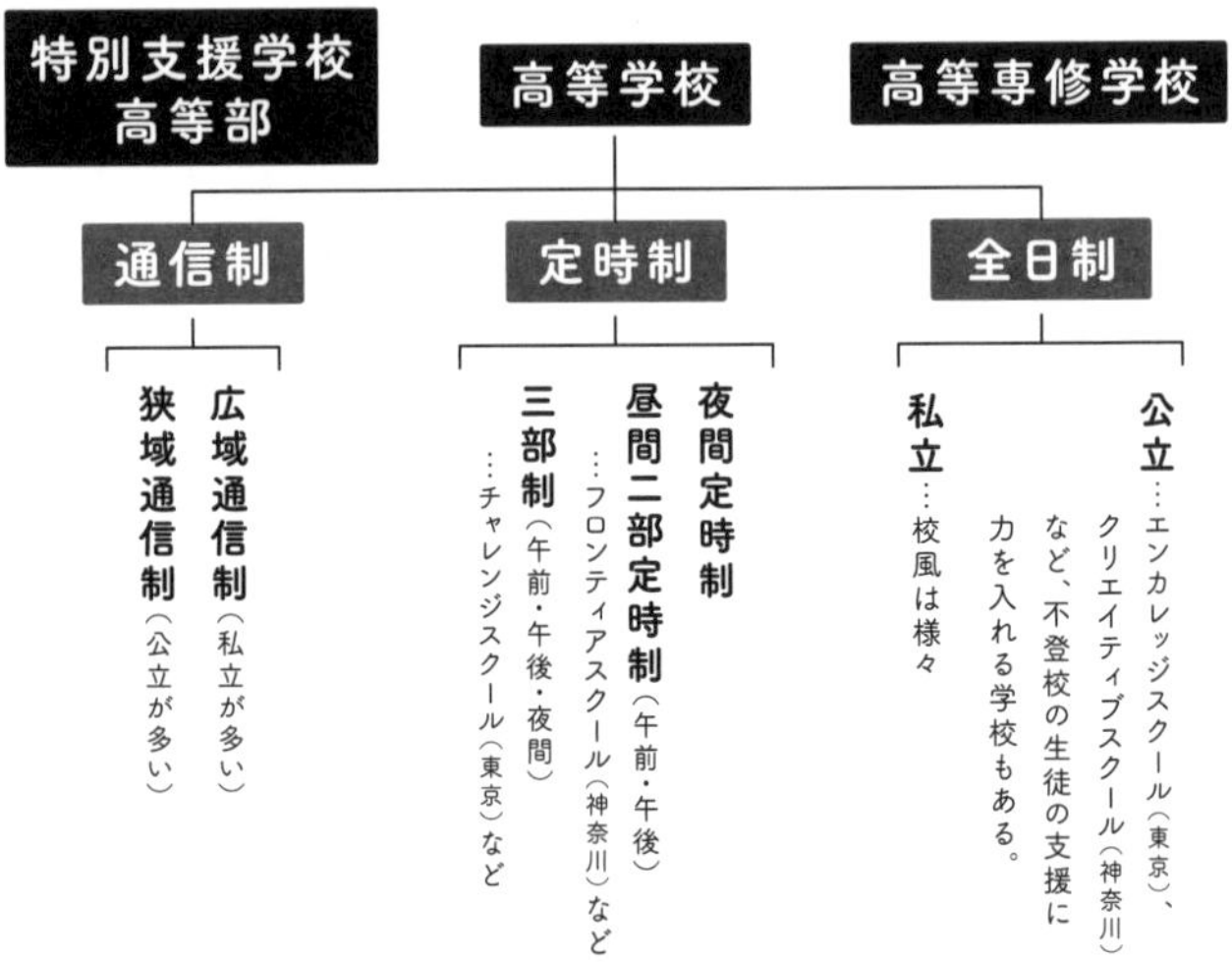

を1年継続すると1単位になります。

これをどのように取得するかによって、高校は「学年制」と「単位制」に分かれます。「学年制」は1学年で取得しなければならない単位数が決まっており、取得できなければ留年になりますが、「単位制」はその縛りがなく、マイペースで単位取得できます。

どの高校を卒業しても「高校卒業資格」は同じですが、高校に入学するための入試制度の違いをおさえておくことも重要です。

全日制の公立高校でも、不登校の子や発達の特性を持つ子に配慮し、中学卒業時の学力や出席日数が足りなくても進学できる高校が全国で増えています（P232参照）。

また、定時制や通信制でも、独自の教育

をしている個性ある高校が多くあります。大学進学のみならず、就職や専門学校への進学を手厚くサポートしてくれるところもあります。

◎ 高校以外の進学先

さらに、中学卒業者を対象とした教育機関として、**実践的な職業教育を行う高等専修学校**もあります。全国に約400校あり、美容師、建築士、自動車整備士、介護福祉士、調理師などの資格を取れるように学ぶコースもあります。すでになりたい職業が見えてきている子や、早く社会で働いてみたいという子にはおすすめの進路です。

障がいや病気を抱えた生徒が学ぶ学校としては、特別支援学校の高等部があります。教科学習のほか、コミュニケーションやソーシャルスキルも学ぶことができます。子どもそれぞれの特性に応じて手厚くサポートを受けられる点や、障がい者雇用枠などを活用した就労支援に強いというメリットがあります。

いずれも、高卒資格は得られませんが、大学への入学資格はあり（高等専修学校は「大学入学資格付与指定校」のみ）、学び直したい時にも、対応できるようになっています。

「高校からはリセットして学校生活を楽しみたい！」なら「全日制高校」

全日制高校には公立と私立があります。

私立高校であれば、入試の方法も校風も様々なので自分に合う学校を選ぶことができますが、公立高校であれば、一般的には5教科の学力試験と内申書で合否が決まるため、中学時代に不登校だとハードルが高く感じられるかもしれません。

けれども、近年は全国で、**エンカレッジスクールやクリエイティブスクールなどと名付けられた、学力や出席日数が足りなくても進学できる全日制公立高校が増えています。**「高校からは頑張って毎日通学したい」なら選択肢に加えてみてはいかがでしょう。

左に、一例を載せましたが、自治体によって名称が違います。お住まいの地域にもないか、教育委員会のホームページから詳細を調べてみてください。

学力に自信のない子にやさしい全日制の学校

東京都・エンカレッジスクール（6校）

小・中学校でうまく勉強に取り組めなかったり、学業に苦手意識を持った生徒たちのやる気を育て、社会生活を送る上で必要な基礎学力を身につけることを目的とする全日制、学年制、普通科（専門科）の高校。ほとんどの高校が、中間テストや期末テストなどの定期考査を実施しません。入試に学力試験はなく、学校によりますが、調査書、面接、作文、実技など。

神奈川県・クリエイティブスクール（5校）

不登校や学力不振など、これまで十分に力を発揮できなかった生徒に対して、学習意欲を高めるためにていねいな支援をする全日制、学年制、普通科の高校。キャリア教育も充実しています。入試に学力試験はなく、調査書と面接と自己表現検査（学校によって異なりますが、スピーチやグループディスカッションなど）で合否が決まります。

千葉県・地域連携アクティブスクール（4校）

中学校では力を発揮できなかったが、高校からは頑張りたいという意志を持った生徒のために、企業や大学など地域の教育力を活用しながら自立した社会人を育てる全日制、普通科高校。スクールソーシャルワーカーによる不登校生へのサポートケアも充実。入試は、1日目に学力試験と作文、2日目に面接（学校によっては、さらに自己表現）。志願理由書が必要な学校もあります。

大阪府・エンパワメントスクール（8校）

小・中学校で不登校を経験したり、他校を中退したりした生徒の支援に力を入れる単位制・総合学科高校。小学校レベルの学習から学び直しを行うカリキュラムを実施しているのが特徴です。入試は、第一手順として面接・自己申告書・調査書（活動/行動の記録のみ）で合否を決定し、第二手順として不合格者の中から、学力試験（5教科）と調査書の内容から合否を決定します。

◎親元を離れ、地方の公立に留学する「地域みらい留学」

不登校の子に限らず、**高校進学の新しい形として注目されているのが「地域みらい留学」です。**都会にはない豊かな自然の中で学んだり、地元の人たちと築く人間関係の中で、不登校を経験した子が元気を取り戻していくケースもみられます。

受け入れ校のひとつ、岩手県の海沿いの町にある大槌高校では、高校の近くにある東京大学大気海洋研究所と連携しています。放課後は希望者が研究助手として研究に参加できるので、教科書で学ぶことは苦手でも、本物の研究者と関わったりすることや、海や生物好きの子には、格好の機会になっているようです。

受け入れ校は現在全国98校。ほとんどが全日制です。学校推薦のみで学力試験なしに入学できる学校もあります。地域の自治体のサポートも手厚く、生活費用の補助をしてくれることで、平均月々4万円ほどで寮や下宿暮らしができます。

オンライン説明会も開催されていますのでお子さんと一緒に参加してみてください(https://c-mirai.jp)。

自分に合った時間を選んで毎日学校に行きたいなら「定時制高校」

朝起きるのが苦手だったり、学校生活以外に打ち込みたいことがあったりしながらも、友達と一緒に高校生活を送りたいのであれば、毎日登校する定時制高校がおすすめです。

定時制というと、夜間に通うイメージがありますが、昨今は「夜間定時制」「昼間二部定時制（午前・午後）」「三部制（午前・午後・夜間）」など、時間帯を選べる高校が増えています。卒業には以前は4年かかりましたが、最近は3年で卒業できる学校が増えています。入試や面接もありますが、基本的にすべての生徒に門戸が開かれています。

小・中学校時代に不登校だった生徒のサポートに力を入れている定時制高校も各地にあります。新設や再編もあるので自治体のホームページで最新情報を確認してみましょう。

次のページに、いくつかの自治体での試みをご紹介します。

不登校の子にやさしい定時制高校

東京都・チャレンジスクール（6校）

小・中学校時代に不登校経験を持つ子や、長期欠席等が原因で高校を中途退学した子向けに設置された学校。定時制の総合学科で基本的には4年間通うが、3年で卒業も可能。カウンセリングなどを手厚く行っている。入試に調査書提出や学科試験はなく、長く休んでいた子もチャレンジしやすい。

神奈川県・フロンティアスクール（2校）

午前部と午後部に分かれ、1日約4時間の授業で学べる単位制の昼間定時制高校。マイペースで学びたい人、基礎から学び直したい人にぴったり。卒業には4年かかるが、他部の授業を受けることで3年間での卒業も可能。入試は学力試験（3教科）と面接。

埼玉県・パレットスクール（3校）

不登校経験者や高校中退者、社会人などを幅広く受け入れている二部制、三部制、単位制、総合学科の高校。入試は、学力検査（5教科）などで内申書は必要なし。

大阪府・クリエイティブスクール（2校※）

学ぶ時間帯を選ぶことができる多部制、単位制の高校。不登校経験を持つ子、学校外での活動に力を入れたい子、アルバイトと両立したい子、転入学の子など様々な動機の子どもが集まる。入試は学力試験（5教科）と調査書、面接。

※ クリエイティブスクールには他に全日制、総合学科の高校もあります。

自分のペースを大切に、通学、学習をしたいなら「通信制高校」

「N校」などの有名校の登場で、ここ数年、一般からも注目を集めているのが通信制高校。レポート提出とスクーリング（登校による面接指導）などによって74単位以上を取得する「単位制」の高校です。

全国から入学できる広域通信制高校（主に私立）と、学校が所在する都道府県内に住んでいれば入学できる狭域通信制高校（主に公立）がありますが、いずれも**マイペースで学べるのが大きなメリット。**実際、不登校経験者の割合は、広域通信制で66・7％、狭域通信制で48・9％になっています（平成28年文部科学省調査より）。

通信制高校の仕組みは、やや分かりにくいので、簡単に説明しましょう。

たとえば、3年間で74単位を取るには、1年平均で、レポート60通、スクーリング20日間程度（6割は映像授業などで代替も可）が必要になります。

ただし、実際にはこれだけの指導で自学自習できる子は少ないのが現実。そこで、**私立の通信制では、勉強をサポートするために「サポート校」と呼ばれる〝塾〟と連携したり、自校内に教室に通って学習支援を行うコースを設けたりしています。**

そういった＋αのサポート部分で、補習的な学習はもちろん、生徒の興味を伸ばす先進的な学習や課外活動、難関大学の入試のための学習など、生徒のニーズに合わせた独自の授業を行って、オリジナルなカリキュラムをつくっているのです。

◎サポート機能は別料金？

ただし注意したいのは**＋αのサポート機能の部分は、塾と同じ扱いで、単位取得のための授業料とは別の料金がかかる**ということ。高校就学支援金（＊）は、本来の授業料部分には使えますが、＋αのサポート校の授業や講座の部分には使えません。また、従量課金で追加費用がかかってくるケースもあります。

本来の授業料の範囲内で、どこまで生徒の面倒を見てくれるのか。また、サポート部分では、どんな選択肢があり、何をしてくれるのか？　ここは学校によって、大き

通信制高校選びのチェックリスト

◆学費・内容など

□ **就学支援金が使える「授業料」部分で、どこまでの指導が受けられるのか?**

- スクーリングはどこで、何日間くらい受けるのか?
- スクーリング日以外でも、教師がいて生徒が常に出入りできる「居場所」はあるか?
- スクーリング日以外でも、分からないことが生じた時に、教科担当の教員がすぐに対応してくれるのか?
- 担任からの声かけはあるか?(定期的、不定期、学習に問題が生じた時など)
- 学外学修(技能連携校、高認、海外留学、大学や専門学校での学修、技能審査、ボランティア活動など)での単位認定は可能なのか?

□ **「授業料」に含まれないサポート部分(就学支援金が適用されない部分)は「サポート校」が受け持つのか?　学内に通いのコースがあるのか?**

- サポート部分ではどんなコースが選べるのか?(補習的なもの、課外活動的なもの、興味に応じた授業、大学入試対策など)
- サポート部分の費用の内訳はどのようになっているか?
- 補習や追試などが生じた場合は、追加で費用が生じるのか?　他にも追加で生じる可能性のある費用は?

□ **平均的に何年間で卒業(単位取得)する人が多いのか?**

◆課外活動など

□ **人とつながれる部活などの仕組みがあるか?**

□ **文化祭や体育祭などはあるのか?**

□ **学生同士が交流するための何かがあるか?**

◆不登校対策など

□ **スクールカウンセラーや養護教諭などはいつでも対応してくれるのか?**

□ **不登校やひきこもり生徒への特別な配慮が何かあるか?**

◆進路など

□ **卒業生の進路実績は?(進学先の大学名、専門学校名、就職先など)**

□ **卒業後、進路の決まっていない卒業生はどんな理由が多いのか?**

な違いがあります。後から話が違うとならないためにも、前ページのチェックリストなどを参考に、直接、学校に確認しておきましょう。また通信制で失われがちな、居場所としての機能や、先生からの働きかけ、生徒同士の横のつながりなどが、どの程度あるのかも確認しておくと安心です。

◎ 新しい取り組みをしている狭域通信制も

もともと通信制高校は、自立した勤労学生のためにつくられたものですから自学自習が基本です。特に公立の通信制では、今もその考えで運営されているところもあるのですが、実際の入学者が、勤労学生よりも不登校経験者が大半の昨今、**新しい在り方を目指す面倒見のよい狭域通信制高校も各地で出てきました。**

費用が安いのが公立のメリットですが、さらに本来の授業料の部分のみで、サポート校的な補習授業をやってくれたり、居場所機能を持っている公立通信制や、まだ少ないですが高知の太平洋学園などの私立通信制も出てきています。中には部活に参加できる学校も。

様々な通信制高校

全国通信制高等学校評価機構の認定を受けた学校（2019年、2020年、2021年）	先進的な取り組みを行っている狭域通信制高校
クラーク記念国際高等学校 並木学院高等学校 星槎国際高等学校 （以上 2019 年度認定）	横浜修悠館高校 （神奈川県・公立）
東海大付属望星高等学校 （以上 2020 年度認定）	厚木清南高校 （神奈川県・公立）
北海道芸術高等学校 八洲学園高等学校 （以上 2021 年度認定）	広島みらい創生高校 （広島県・公立）
	長野西高校 （長野県・公立）
	太平洋学園高校 （高知県・私立）

（出典：全国通信制高等学校評価機構）

（NPOカタリバの調査による）

このように通信制高校は、私立も公立も、現在過渡期にあり、そこで行われている教育内容も様々で、玉石混淆であるのが現実です。

全国通信制高等学校評価機構が通信制高校の第三者評価を始めており、認定を受けた学校もあります（https://tsushin-hyoka.org/hyouka_kekka/）。上に、評価機構に認定を受けた広域通信制高校と、先進的な取り組みで注目されている狭域通信制高校を、一例として挙げました。絶対的な基準ではありませんが、参考にしてもよいでしょう。

＊就学支援金…年収約910万円未満の世帯に対して、年額11万8800円が支給される（実質、授業料無償）。私立の通信制高校については年収約590万円未満の世帯に対して年額29万7000円が加算される。生活保護や住民税非課税世帯は「高校生等奨学給付金制度」も併用できる。

高校を卒業しなくても大学進学は目指せる

今は学校に行っていなくても、ゆくゆくは大学で学びたいと思っている生徒はたくさんいますし、実際に大学合格を果たした先輩もいます。

実際、一般入試で大学を受験するのであれば、高校までの出席日数が合否に大きく影響することは基本的にありません。**気にすべきことは、「高校卒業資格」または「高校卒業認定」を取得できているかどうか、そして学力という2点**です。

◎「高卒資格」がなくても、「高卒認定」を取得できれば大丈夫

「高卒資格」と「高卒認定」は混同されがちですが、次のような違いがあります。

高卒資格（高等学校卒業資格）：全日制高校、定時制高校、通信制高校のいずれかを卒業することで取得できます。

高卒認定（高等学校卒業程度認定試験）：文科省が認定する国家試験。この試験に合格することで「高校卒業と同程度以上の学力がある」ことが認定されます。合格者は、大学や高卒者が受けられる国家資格の受験資格などを得ることができます。また就職活動にも活用することができます。

高卒認定試験は年2回で8月と11月に開催されており、合計8～10科目合格できれば資格が取得できます。また、途中まででも高校に通って取得した単位がある人、英検や数検などの資格をもっている人は、試験科目が免除されるケースがあります。

試験範囲は高校1年生までの学習範囲なので、決して難易度の高い試験ではありません。文科省のホームページで確認してみましょう。

◎ 不登校中のブランクのせいで、学力に不安がある場合は？

・通信制高校で大学受験コースを選択する

大学受験をサポートしてくれるコースが設置されている通信制高校もたくさんあります。勉強だけでなく、大学選びや面接対策、出願などについてきめ細かく指導してくれるところも。ただし、こうしたサポートには、単位取得に必要な授業料とは別の料金がかかる場合が多いことには注意が必要です（P238参照）。

・指定校推薦にチャレンジする

一般受験をせず、面接や小論文などで合否が決まるのが推薦入試。なかでも、その大学が対象としている高校の生徒だけが受験できる指定校推薦は、校内での選考を経て受験さえできれば、ほぼ100％合格できます。**指定校推薦の枠をもっている通信制高校も増えている**ので、活用を検討してみましょう。ただし、推薦枠は人数が決まっていますので、推薦を得るためには、レポートの提出、スクーリング、試験などの通信制高校における日常的な学習に真面目にコツコツと取り組む必要があります。

・**総合型選抜（旧AO）入試を利用する**

「ペーパーテストでは受験生の熱意や可能性は測れない」ということで始まったのが旧AOであり、現在の総合型選抜入試（令和3年より名称変更）。**学校に行っていても行っていなくても、何か打ち込んでいることや、その延長で大学に入ってからさらに深めたいテーマがある場合は、こうした方法を考えてみる**のも手です。学校によりますが、一次選考として志望理由などを書いたエントリーシート、自分の活動をまとめた報告書、高校での成績などを提出、二次選考では面接、小論文というケースがほとんどです。学校によっては、学力試験を実施することもあるので、早めに調べておきましょう。

・**受験科目の少ない大学を目指す**

学力に自信がなければ、受験科目の少ない大学を探して受けるのも得策です。「英語＋面接」「英語＋作文」など英語重視のパターン、「国・数・英から1科目を選ぶ」などのパターンがあるので、各大学のホームページで確認してみましょう。

終章

不登校の未来を変える

増え続ける不登校は、果たして、
「本人」と「家庭」と「学校」だけの問題なのでしょうか。
私は、不登校の増加は、「社会」に対する子どもからの
アラートでもあると思っています。
教育のＩＣＴ化も進み、今まさに、変化の時がきています。
社会の中にたくさんの〝ナナメの関係〟を築き、
子どもたちが、
世界は広いという事実に気づき、
未来に希望を見出して
新たな一歩を踏み出せるように。
みんなで、変えていければ本望です。

「不登校」の増加は子どもたちからのアラートでもある

毎年10月に文科省が前年度不登校の子どもの数を発表すると、世間では、学校や教員の批判、家庭の養育力低下、発達障がいなどの子どもの増加などが言われ、学校・家庭・本人の三者のどこに原因があるのかと議論が始まります。

不登校のアンケート調査を見ると、理由として挙げられている選択肢はいつも「学校・家庭・本人」の三者です。メディアでも、不登校というと必ず「学校が、家庭が、本人が……」と糾弾されてきました。

しかし原因はその三者だけにあるのでしょうか？

◎難易度の高い時代を生きる

私たちは今、非常に難易度の高い時代を生きています。

まず、大人たちもこの社会を生きる中で強いストレスを受けています。

親たちは、先行きが見えづらい社会を生きる愛する子どもを想う気持ちで「先々、少しでも苦労しないように……」「自分のような人生にならないように……」などと願い、子育て情報を勉強します。そして、早期教育や受験に関する誇大広告に惑わされたり、ＳＮＳでキラキラして見える他人の子育てと比較して、一喜一憂します。

そんな日々の中で、思うようにうまくいかず、子どもとまっすぐに向き合えなくなることは誰しもあるでしょう。でも「自分の育て方のせいで、子どもが社会に適応できなくなった」なんて自分を責める必要はないと思います。

◎パンク寸前の先生たち

一方で、**先生たちも、カリキュラムオーバーロード（過搭載）だと言われる教育現場で窒息しそうになっています。**

昨今は発達障がいやギフテッド、外国ルーツの子どもたちなど、多様な背景を持つ子どもたちに対して個別の対応を求められるようにもなっています。もちろん、それは大切なことですが、人数分の〃取扱説明書〃を手にした先生たちはパンク寸前です。

大変さがあったとしても、生徒や保護者からのリスペクトがあれば大きな支えになるのかもしれませんが、それも失われつつある今、先生たちの自己肯定感も下がっています。

教員採用試験の受験倍率が1倍台となる地域も出てくるなど、もはや〃ブラック〃な職場環境と言われる学校現場。そこで行き詰まり、子どもと向き合う余裕を見失いつつある先生たちが、「クラスから不登校者を出してしまった自分は教師失格だ」とひとりで責任を背負い込み、自分を責める……。それも何かが違うと思うのです。

大人社会の疲弊や歪みが積み重なり、玉突きのように最後に大きくなったストレスを一番弱い子どもたちが必死に受け止めているのかもしれません。

「個性の時代」と言いながらも「使いやすい人材」になることを組織から求められてきた大人たちが、そこで体得した規範意識を捨てることは、難しい。そしてそれが知らず知らずのうちに子どもたちへの「常識の圧」になっていることもあるでしょう。また、子どもたちが宝のように所持するスマホを通じて、24時間ずっと学校内の人間関係から離れられないことは、楽しい時はいいけれど、私たちには想像もできない息苦しさが、きっとあるんだと思います。

学校に行けなくなった子どもたちが、「自分はダメな人間だから学校に行けない」と自分を責めているとしたら、「そうではないよ」と全力で伝えたいです。

「誰が悪い」と犯人探しをすることも、「学校に行くのか、行かないのか」という二元論で善悪を決めることも、本質を見落とした議論だと思います。

◎「小舟」に乗れる人、乗れない人

こうした社会の現状を横目に、不確実な時代を生き抜くための知性や創造性を育てよう、という志をもった教育者たちによる新しいタイプの私立学校や、インターナショナルスクール、オルタナティブスクールやフリースクールが誕生しています。公立学校に在籍しつつも不登校という立場をあえて選び、日常はこうした施設に通うという選択をする家庭も増えています。

実は私も、幼少期の息子の特性を踏まえ、近隣のとても大きな公立小学校に通わせることに不安を感じ、近くでＮＰＯが運営する小規模なオルタナティブスクール（フリースクール）をあえて選択した親のひとりです。それが正解だったのかどうかは、いまだにわかりませんが、今のところ息子は元気に過ごしています。

子どもの特性に応じて、または親の教育方針に応じて、学校に選択肢があること自体は素晴らしい進化だと思います。

でも……。

本音を言えば、どこか心にモヤモヤが、ずっと引っかかっています。

日本社会は、組織重視から個人重視へと移り変わりつつあります。

臨床心理士の東畑開人《とうはたかいと》さんは、著書『なんでも見つかる夜に、こころだけが見つからない』（新潮社）の中で、こうした社会のことを「遭難しようが、沈没しようが、自己責任」の「小舟化する社会」だと表現しました。

もちろん、一人ひとりの自己決定が尊重される社会は素敵です。自力で立派な小舟を用意できて、巧みに情報収集しながら渡航することができる人にとって、それはこの上なく自由で努力が報われる生きやすい世界でしょう。

でも、**小舟を用意するには、リソースが必要です。経済力のない人、情報収集が苦手な人、そもそもひとりでは不安な人、世の中にはいろいろな人がいます。**

そうした人のために、国が頑丈な「大舟」を用意してくれて、それに乗りさえすればある程度のところまでたどり着けるという仕組みは、当たり前に整備すべき基本的な社会インフラなのではないでしょうか。

◎ 分断のない社会へ

「大舟」「小舟」の話を教育に当てはめると、「大舟」は公教育、「小舟」は私立やインターナショナルスクール、オルタナティブスクールなどの新しいタイプの学校の存在にあたると言えるでしょう。

最新の教育方針を掲げた教育機関を選択できれば、とりあえず安心する人もいるかもしれません。でも、そういった新しいタイプの学校は全国各地にあるわけではないし、授業料も決して安くはありません。誰もがアクセスできるものではないのです。その学校をあえて選んだ人たちだけが集う最新の教育方針を掲げた学校と、様々な環境で生きる子どもたちが集まる歩いて通える公立学校。人生100年時代の長い人生において、どっちがいいのかは、まだ分かりません。

私自身は普通の公立学校で育ちました。同級生たちと過ごす日常の中で、多様な環境を生きる人たちがいるという原風景を得られたことは、学校の授業で何を学んだかということ以上に、私の人生にとって、大きな宝になったと思っています。だから、何が正解かは、分かりません。

しかし確かに言えるのは、住んでいる場所、親の経済力や情報感度などによって、選択肢を持っている人と、持っていない人がいるということです。

実際、私たちが支援する不登校の現場からは、「小舟」がもつ世界観からかけ離れた声がたくさん聞こえてきます。

オルタナティブスクールはおろか、公共の教育支援センターにすら車で数時間かかるという声。

地域の同調圧力が強すぎて、みんなと同じ学校に行けないことを必死で隠して生きているという声。

不登校の子どものケアのために仕事を失い、生活保護を受給することになってしまったという声。

「この学校が嫌なら、別の学校に行けばいい」。そう思った時に、それを選べる人と、選びたくても選べない人がいるということです。果たしてそれでいいのでしょうか。
そうした社会は豊かだと言えるのでしょうか？

「誰ひとり取り残さない社会を実現しよう」という思いで走り続けてきた私たちは、こうした分断の加速を警戒しています。

そして、「大舟」である公教育が本来の役割をきちんと果たしていくように声をあげつつ、子どもたち一人ひとりが、「大舟」であれ「小舟」であれ、自分にとってベストな方法で学びに再接続し、なりたい自分に近づいていけるように、ていねいに伴走し続けていきたいと思っています。

◎〝ナナメの関係〟を仕掛け続ける

私たちがこれからも変わらず大切にしていこうと思っていることは、子どもたちが、安全な〝ナナメの関係〟の他者と出会える社会にしていきたいということです。

学校や家庭でも、ＳＮＳやゲーム空間でもない生活時間のどこかに、安心安全なナナメの関係の誰かとの出会いを仕掛け続けたい。

ただし、どこを居場所と思うのか、誰に憧れを抱くのか、それは子どもたち自身の心が決めること。この20年間、この想いを子どもたちに届ける難しさを痛いほど感じ、一喜一憂してきましたが、まだ、あきらめたくないと思っています。

学校がつらくても、家族と向き合えなくても、ナナメの関係の誰かとつながることで、世界は広いという事実に気づき、小さくでも歩みを続けてほしい。

効率最優先のＡＩ社会だからこそ、そんな偶然でリアルな人間関係を子どもたちが築けるように、私たちは仕掛け続けていきたいと思っています。

◎今が社会を変えるチャンス

「不登校」という現象は、現代社会に対する子どもたちからのアラートだと私は思っています。

親は「自分の育て方が悪かった」なんて思わなくていいし、先生たちは「教師失格だ」なんて思わなくていい。

社会に歪みがある以上、犯人探しはこのあたりで終わりにして、みんなで変えていくしかないと思うのです。

皮肉ではありますが、コロナ禍によって多くの人が「自分にとって本当に大切なこと」が何なのかを考え始めました。また、教育現場でICT化が一気に進んだことで「学び方の選択肢」も急増しました。

今、まさに変化の波が来ているのではないでしょうか。

アラートを発してくれている子どもたちを課題解決のパートナーとしてとらえながら、自分たちの在り方を考え直し、みんなでつながり直す。そんなチャンスが来ているのではないかと思っています。

おわりに

ここまで読んでくださって、ありがとうございました。
何かひとつでも、お役に立ちそうなヒントはありましたでしょうか？
そうだといいな、と思っています。

最後に、私自身の子育ての話を少しだけさせてください。

私には小学生の息子がひとりいます。
出産1カ月前まで全国を駆けまわりながら仕事に没頭していた私は、ある時、同じように妊娠している友人たちが、せっせと「胎教教室」に通っていることを知って、一抹の不安を感じました。

もしかして、私、遅れをとっている？

無事に息子が生まれ、「この子が幸せだと思える、素敵な未来を一緒につくっていこう」と心に誓いつつ見上げた病院の壁には、「賢い子に育てたいなら、出産直後から読み聞かせを」「就学前教育は投資対効果が抜群」などと書かれた広告が。

みんな、そんなことまで考えているの？

8カ月で保育園に入れると、閉園間際にお迎えに駆け込む日々が始まりました。

2歳になると「ほかの子は、もうおむつも取れています」「みんなと一緒に行動できません」……。

連絡帳を埋める言葉が、私に対するフィードバックのようで胸が痛みます。

「お母さん、新聞のコラム読んでますよ。忙しそうですね」。保育士さんのそんな言葉さえも、「あなたが忙しくしているせいで……」と言われているようで、落ち込みました。

子どもが5歳になった時、近隣の小学校の教頭先生が保育園にやってきて言いました。「入学時点で足し算ができるお子さんは○割、引き算もできるお子さんは○割、漢字で名前が書けるお子さんは○割……」。

そういえば、しばらく前からママ友とのおしゃべりの中に、歩いて行ける学習教室の名前や通信教材、英会話などの話題が頻ぱんに出るようになっていました。

うちの子も、何か始めなきゃ！

そして、近隣の学習教室に通うことにした日から、戦場が始まったのです。

毎朝5枚、毎晩5枚のプリントを終わらせなければなりません。

「私のように、学校の勉強で苦労するような子にはなってほしくない」「隣のあの子はもう九九までいったらしい」「この頑張りは、今後の基礎スキルになるはず」。
そう唱えながら、合わせて週4回、英語教室と学習教室に送迎しました。

◎ 先行きの見えない不安の中で

気づいたら私は、母親ではなく〝監督〟になっていました。今日こそは頑張ろうと笑顔で始めても、気づくとスイッチが入って声を荒らげるようになっていました。「どうしてやらないの!?」「さっきやったのに、どうしてまた間違えるの!?」と叱る毎日。ある日、息子は「ぼくはどうせバカなんだ」と泣きました。

ハッとしました。これって、この子が「自由に遊びたい」と思う大切な時間を奪ってまで、やらなければいけないことなんだっけ？

先行きの見えない未来を不安に思う私自身がノアの箱舟を探し求め、嫌がる息子を無理やりそこに乗せようとしているうちに、本当に大切なものを見失いつつあるような気がしたのです。そういえば、最近、息子と目が合っているだろうか……。そんな不安がよぎりました。

ある日、息子は保育園の友達関係で傷ついて帰ってきました。しょんぼりする息子の姿を見て、気づきました。

私の役割は監督じゃない。この子が安心して生きていくための土台をつくることだ。まわりの子と自分を比較しながら、少しずつ「できない」を悲しむようになってしまった息子を見て、今ならまだやり直せる、と思いました。

この子がやりたいと思うこと、この子のままで学びたいと思える環境を探そう。ゆっくり目を見て話しました。

「学習教室、続けたい?」「……やりたくない。遊びたい」
「そうだよね。ママも、そのことで怒ることが多くなったような気がしたの」
「ぼくがバカで、ちゃんとしないからだよね」

「そんなこと、ぜんぜんないよ。いったん、お勉強のプリントはやめてみようか。やりたくなったらまた始めればいいよね」。

「え？　いいの？」。息子の顔が、不安とともに、少し明るくなりました。

◎ 監督ではなく伴走者として

これは、NPOカタリバを立ち上げて12年目だった私の失敗体験。

外側から教育を語るよりも、実際の子育てははるかに難しいと知った経験です。

焦りや葛藤、人との比較、つらい思いをしてほしくないという先回り、そして思い込みによる数々のバイアス。これらを取り除くことは、本当に難しいことです。未就学段階の早期学習が悪いと言っているわけではありません。本当に楽しそうに、目を輝かせながら学んでいる子もたくさん知っています。これはあくまで、うちの子にとって、という話です。

息子は小学生になりました。

まだまだ分からないことばかりで、親として悩むことばかりです。でも、失敗を経て、ひとつだけ確信できるようになったことがあります。

それは、母親は〝監督〟ではなく、〝伴走者〟だということ。

いつの日かしっかりと自立できるように、ときに背中を押しながら、ときに丸ごと受け止めてやりながら、ものの善悪も伝えつつ心の土台がしっかり育っていくように、一緒に走ってやれたら、それが何よりです。

でも、ひとりで伴走するのは孤独です。伴走者にも伴走者が必要です。

たくさんの人とお互いに伴走しあいながら、みんなで一緒に走っていけたら、それが一番幸せ。

そんなことを考えながら、私は今、ぼちぼちと母親をやっています。

今村久美

学びのサポートシート

子どもの状況についての共有（　　　年　　月　　日）

1. 最近の様子（体調、気分、特性、コミュニケーション等）

2. 家庭の状況（家庭での働きかけや困りごと等）

3. 学習状況

4. 本人の困り感・悩み

5. 本人の希望・願い

6. 学校以外の相談機関、病院等とのつながり・相談状況

P142で紹介した、子どもの状況共有に役立つシートです。右は学校や支援機関と子どもの状況を共有するための、左は学校へのお願いを依頼するためのものです。URL　https://www.diamond.co.jp/go/pb/116548.pdfからもダウンロードできます。P268～269の記入例を参考にして、ご活用ください。

学校にご協力いただきたいこと（　　年　月　日）

※あくまでも最近の様子であり、状況が変わったらご連絡いたします。

1. 学校との連絡や登校の促しについて
   - □ 現状は、家族以外の人と話すことが難しそうです
   - □ 担任からの、（家庭訪問／個別電話）に顔を出せそうです
   - □ 教育支援センターの支援員の、（家庭訪問／個別電話）に顔を出せそうです
   - □ 学習の遅れに問題意識を持っており、学習支援に興味がありそうです
   - □ 教室へ入るのは抵抗がありますが、別室登校や支援センターに興味がありそうです

2. 登校・登校の促しの際の配慮について

   以下の状況で、強いストレスを感じるようです。可能な範囲で配慮をご検討ください。

3. 出席認定や通知表について
   - □（通っている場合）フリースクールの利用日を出席認定していただきたい
   - □（利用している場合）ICT教材による自宅学習を出席認定していただきたい
   - □ フリースクールや自宅での学習を通知表に反映させていただきたい
   - □ 上記のいずれも不要です
   - □ その他（　　　　　　　　）

4. 今後の見通しや希望について

5. その他ご相談したいこと

＊このサポートシートの設問は、「特定非営利活動法人多様な学びプロジェクト」作成の「学校依頼文フォーマット」を参考にさせていただいております。

「学びのサポートシート」記入例

記載例：子どもの状況についての共有（2022年 5 月15日）
（小学3年生・Aちゃんの場合）

1. 最近の様子（体調、気分、特性、コミュニケーション等）

・一時期は、昼間も布団にふせっていることも多く昼夜逆転していましたが、元の生活リズムに戻ってきました。両親や兄妹とも落ち着いて話ができています。

2. 家庭の状況（家庭での働きかけや困りごと等）

・母親がパートの時間を短くして、午後は一緒に勉強したり、外へ連れ出したりしています。

3. 学習状況

・オンラインの学習支援プログラムやAI教材を使い、これまでの遅れを取り戻してきており、今は小3の内容をやっています。

4. 本人の困り感・悩み

・元気な子が多くて大勢でざわざわした環境だと、少し混乱して固まってしまうようです。

5. 本人の希望・願い

・学校に戻って友達と遊びたい気持ちも少しずつ芽生えてきたようで、まだ全ての授業は出られないかもしれませんが、保健室登校などにチャレンジしてみたいと考えているようです。

6. 学校以外の相談機関、病院等とのつながり・相談状況

・市の発達支援センターに月１で通っています。
・教育支援センターに、週１程度顔を出して、グループ活動などに参加しています。
・NPOカタリバで、オンラインの学習支援を週２～３回受けています。

記載例：学校にご協力いただきたいこと（2022年 9 月 1 日）
（中学3年生・Bくんの場合）

※あくまでも最近の様子であり、状況が変わったらご連絡いたします。

1. 学校との連絡や登校の促しについて
   - □ 現状は、家族以外の人と話すことが難しそうです
   - □ 担任からの、（家庭訪問／個別電話）に顔を出せそうです
   - ■ 教育支援センターの支援員の、（家庭訪問／個別電話）に顔を出せそうです
   - ■ 学習の遅れに問題意識を持っており、学習支援に興味がありそうです
   - ■ 教室へ入るのは抵抗がありますが、別室登校や支援センターに興味がありそうです

2. 登校・登校の促しの際の配慮について
   以下の状況で、強いストレスを感じるようです。可能な範囲で配慮をご検討ください。

・担任の先生とのやりとりに不安が大きいようで、直接のご訪問・電話等をしばらく控えていただけるとありがたいです。※プリント等は、週1回、保護者が取りに伺います。

3. 出席認定や通知表について
   - □（通っている場合）フリースクールの利用日を出席認定していただきたい
   - ■（利用している場合）ICT教材による自宅学習を出席認定していただきたい
   - □ フリースクールや自宅での学習を通知表に反映させていただきたい
   - □ 上記のいずれも不要です
   - □ その他（　　　　　　　　　　　　　　　　　　　　）

4. 今後の見通しや希望について

・教育支援センターには定期的に通えており、別室登校などもできるかもしれません。
・自分でIT教材やドリル等で勉強を進めており、高校受験を希望しています。

5. その他ご相談したいこと

・これまでの欠席日数も多いですが、そういった子どもでも入りやすい全日制の学校が通える範囲にあるか、過去に不登校の生徒さんがどういった学校に進学したか、進路について詳しい方にご相談したいです。

本書をまとめるにあたり、いま苦しんでいる方々の手助けになればとの思いで何十時間もの対話を通じてご協力くださった、不登校を経験した先輩保護者の皆様、教育や心理などの専門家の皆様、全国各地でずっと前から実践を続けてきた支援の先輩の皆様、そしていつも無知な私を導いてくださった師匠の皆様に、改めて感謝を申し上げます。

（五十音順）

阿久津遊さん、天野恵さん、池田隆史さん、石飛紫明さん、礒崎大二郎さん、大石奏さん・こっちゃん、岡田めぐみさん、後藤健夫さん、小山文加さん、合田哲雄さん、佐々木有子さん、佐藤敏郎さん、十人十色さん、鈴木寛さん、瀬川和孝さん、低引稔さん、高橋博之さん、田中絢子さん、鶴岡有里さん、寺脇研さん、時乗洋昭さん、内藤哲也さん、中川覚敬さん、成田慶一さん、野﨑光寿さん、藤井理夫さん、松浦智子さん・真さん・駿さん・千尋さん、三箇山優花さん、美穂さん、山根和美さん・しょうさん、ゆみママさん・たかパパさん・ひでくん・なおちゃん、ゆりさん、芳岡千裕さん、李想烈さん、渡邊雄大さん、K・Mさん、K・Hさん、Y・Tさん、Iさん、Kさん、Yさん、Mさん

その他、数えきれないくらいのNPO法人カタリバのメンバーと応援者の皆さん、本書の編集の井上敬子さん、棚澤明子さん、たむらまなさん。

本当にありがとうございました。

今村久美

［著者］
今村久美（いまむら・くみ）
認定NPO法人カタリバ代表理事。岐阜県出身、慶應義塾大学卒。2001年にNPOカタリバを設立し、高校生のためのキャリア学習プログラムを開始。2009年には日本を代表する若手社会起業家として、米国『TIME』誌の表紙を飾った。2011年の東日本大震災以降は子どもたちに学びの場と居場所を提供、コロナ禍以降は、経済的事情を抱える家庭に対する学習支援やメタバースを活用した不登校支援を開始するなど、社会の変化に応じてさまざまな教育活動に取り組む。公益社団法人 ハタチ基金 代表理事。一般財団法人 地域・教育魅力化プラットフォーム 理事。文部科学省や経済産業省の審議会委員などを歴任。メディアでの発言も注目されている。

NPOカタリバがみんなと作った
不登校—親子のための教科書

2023年2月7日　第1刷発行
2024年10月25日　第5刷発行

著　者——今村久美
発行所——ダイヤモンド社
〒150-8409　東京都渋谷区神宮前6-12-17
https://www.diamond.co.jp/
電話／03･5778･7233（編集）　03･5778･7240（販売）

ブックデザイン—喜來詩織（エントツ）
マンガ・イラスト—阿瀬川藍（えんぴつ座）
校正————NA Lab.　鷗来堂
ＤＴＰ———エヴリ・シンク
製作進行——ダイヤモンド・グラフィック社
印刷／製本—勇進印刷
編集協力——棚澤明子
編集担当——井上敬子

©2023 Kumi Imamura
ISBN 978-4-478-11654-8
落丁・乱丁本はお手数ですが小社営業局宛にお送りください。送料小社負担にてお取替えいたします。但し、古書店で購入されたものについてはお取替えできません。
無断転載・複製を禁ず
Printed in Japan